AF206160

Rolf Friedrich Schuett

Sind Physik, Musik und Mystik die Ethik der mathematischen Logik?

Aufsätze zur logischen Form

FSC
www.fsc.org

MIX

Papier aus ver-
antwortungsvollen
Quellen
Paper from
responsible sources

FSC® C105338

ROLF FRIEDRICH SCHUETT

Sind Physik, Musik und Mystik die Ethik der mathematischen Logik?

Aufsätze zur logischen Form

Books on Demand

Bibliographische Information Der Deutschen Bibliothek:
Die Deutsche Bibliothek verzeichnet diese Publikation
in der Deutschen Nationalbibliographie; detaillierte
bibliographische Daten sind im Internet abrufbar über
http:// dnb.ddb.de

Copyright © 2020 Rolf Friedrich Schuett

Herstellung und Verlag :

BoD – Books on Demand, Norderstedt

Gedruckt auf alterungsbeständigem Papier
(holz- und säurefrei)

Umschlaggestaltung : E. L. Schmidt

Printed in Germany

ISBN 978-3-7504-8026-1

INHALT

für Elke

Die „Dritte Welt" der Glasperlenspielregeln

Wissenschaft
Einem ist sie die hohe, die himmlische Göttin,
      dem andern
Eine tüchtige Kuh, die ihn mit Butter versorgt.
    (Friedrich Schiller)

Viele Jahrhunderte lang seit ihren Anfängen verherrlichte die Philosophie das „beschauliche Leben" des einsamen Theoretikers in seiner gelehrten Muße. Die Neuzeit räumte auch damit auf und zeichnete seither das „aktive Leben" des produktiv Handelnden und werktätig Arbeitenden aus, besonders seit der Reformation. Der Theoretiker wird nur noch anerkannt und vorfinanziert als „Grundlagenforscher", der für technisch-industrielle Nutzanwendungen die (natur)wissenschaftlichen Voraussetzungen schafft, die sich möglichst rasch und gut zu amortisieren haben. Es wird Zeit, dass Philosophie sich erinnert an ihre unzeitgemäß theoretische Tradition, die heute verpönte *reine Wissenschaft* um ihrer selbst willen, als unrentabel persönlichen Selbstzweck.

Logischer **Platon**ismus erschaute ewige Ideen und erfasste durch Begriffe das reine Wesen der Dinge jenseits ihrer nur kontingent vergänglichen Existenz. „Ideen" waren für Platon geometrische Idealkörper.

"Kinder aufziehen ist eine unsichere Sache; geht es gut, dann hat man davon ein Leben voll Kampf und Sorge gehabt; geht es schlecht, ist der Kummer bitterer als jeder andere." (**Demokritos von Abdera** : Fragment 275)

"Mir scheint es nicht gut, Kinder zu bekommen. Denn ich sehe darin viel schwere Gefahren und viel Kummer, dagegen nur selten Gewinn, und auch dieser ist nur klein und unbedeutend."
(Demokritos : Fragment 276)

Theologie und Theoria : **Aristoteles** verteidigte die dianoetischen gegen sozialpraktische Tugenden und sah primär im Philosophieren den *bíos theoretikós*. "Sind sie mit diesen (lebensnotwendigen) Dingen zur Genüge versehen, so braucht der Gerechte immer noch Menschen, an denen und mit denen er gerecht handeln kann, und so auch der Besonnene und der Tapfere und alle übrigen − der Weise dagegen kann sich der geistigen Schau hingeben, auch wenn er ganz für sich ist, und, je weiser er ist, desto eindringlicher. Vielleicht gelingt es noch besser, wenn er Freunde hat, aber gleichwohl wäre er der Unabhängigste. Ferner gilt, daß diese Tätigkeit des Geistes die einzige ist, die um ihrer selbst willen geliebt wird, denn außer dem Vollzug der geistigen Schau erwartet man von ihr nichts weiter, während wir vom praktischen Wirken mehr oder weniger großen Gewinn noch neben dem bloßen Handeln haben."

"Wenn nun (a) unter den hochwertigen Tätigkeiten das Handeln im öffentlichen Leben und im Krieg durch Glanz und Größe zwar hervorragt, aber der Muße entbehrt, nach einem (außerhalb liegenden) Ziel strebt, und nicht an sich wählenswert ist, und wenn (b) andererseits gilt, daß das Tätigsein des Geistes, als ein Akt des Schauens, durch seine ernste Würde sich auszeichnet, nach keinem außerhalb gelegenen Ziele strebt, ferner vollendete Lust − die ihrerseits wieder die Tätigkeit intensiviert − wesensmäßig in sich schließt; und wenn (c) das Selbstgenügsame, das Ruhevolle und, innerhalb der menschlichen Grenzen, das Unermüdbare und alles, was sonst noch dem Menschen auf der Höhe seines Glücks zugeschrieben wird, an *diesem* Tätigsein in Erscheinung tritt, so folgt, daß *dieses* Tätigsein das vollendete Menschenglück darstellt, falls es ein Vollmaß des Lebens andauert ... "

"Ist also, mit dem Menschen verglichen, der Geist etwas Göttliches, so ist auch ein Leben im Geistigen, verglichen mit dem menschlichen Leben, etwas Göttliches."

"Für das Zustandekommen der sittlichen Tat sind viele (äußere) Gegebenheiten nötig und, je bedeutender und edler sie ist, desto mehr. Für das Leben des Geistes dagegen ist nichts von alledem vonnöten, jedenfalls nicht für die reine Tätigkeit, ja, man möchte

sagen, dieses Äußere ist sogar ein Hindernis – jedenfalls für die reine Schau." "Wenn man aber von einem lebenden Wesen das Handeln und mehr noch das Hervorbringen wegnimmt, was bleibt dann anderes übrig als die reine Schau? So muß denn das Wirken der Gottheit, ausgezeichnet durch höchste Seligkeit, das reine Schauen sein. Und folglich hat jenes menschliche Tun, das dem Wirken der Gottheit am nächsten kommt, am meisten vom Wesen des Glücks an sich." "Wer aber ein aktives Leben des Geistes führt und den Geist pflegt, von dem darf man sagen, sein Leben sei aufs beste geordnet und er werde von den Göttern am meisten geliebt ... Daß dies aber im höchsten Grade bei dem Philosophen zu finden ist, darüber besteht kein Zweifel ... Als Liebling der Götter aber genießt er auch das höchste Glück."
„Videtur beatitudo in otio esse sita."

(„Nikomachische Ethik", Buch X, 7, 8, 9)

Epikur nahm auch Sklaven und Frauen auf in seinen Garten und blühte im Verborgenen : *Lathé biósas!* "Wenn auch die Sicherheit vor den Menschen bis zu einem gewissen Grade eintritt durch eine bestimmte Macht, Störungen zu beseitigen, und durch Reichtum, so entspringt doch die reinste Sicherheit aus der Ruhe und dem Rückzug vor der Masse." *(Epikur,* Lehrsatz XIV)

Der gebildete Natur-Kyniker *Diogenes* kultivierte bedürfnislos seinen skeptischen Witz gegenüber dem Staat und der gesellschaftlichen Zivilisation.

Stoiker *Seneca* verteidigte aphoristisch pointiert die Autarkeia, Apathia und Ataraxia gelehrter Muße. "Muße ohne Wissenschaften ist der Tod und das Grab des lebenden Menschen." *(Seneca :* epistola ad Lucilium 82) „Die Welt ist eine Komödie für Denkende und eine Tragödie für alle, die fühlen." *(Sophist **Hippokrates**)*

Thomas von Aquin sah die *vita contemplativa* mit Aristoteles aller *vita activa* überlegen. Er verteidigte gelehrte Bettelmönche gegen die reiche MA-Kirche.

Pascal, Miterfinder der Wahrscheinlichkeitstheorie und der Rechenmaschine, sah den Menschen als „denkendes Schilfrohr", das ohne „divertissements" leider nicht ruhig in seinem Zimmer sitzen könne. Sein *esprit de géometrie* war ein *esprit de finesse*.

Neuzeitlicher *bios theoretikós* wurde rationalistisch und verschrieb sich der mathematischen Logik.

Je pense, je suis: **Descartes** algebraisierte die Geometrie und distanzierte die Natur formal-analytisch.

Spinoza sah „Deus sive natura" *more geometrico*.

Leibniz entwarf mit der formalen Logik die infinitesimale *Ars Magna* einer *characteristica universalis*.

Lichtenberg : „Ich glaube, dass es im strengsten Verstand für den Menschen nur eine einzige Wissenschaft gibt, und dieses ist reine Mathematik" − also formale Logik.

Kants Wissenschaftsideal war die Physik Newtons, in der nicht mehr Wissenschaft sei als Mathematik und Logik. (Allerdings beschränkte er das Wissen dann nur, um dem Handeln Platz zu machen.) „Es gibt nichts Praktischeres als eine gute Theorie."

„Was würde ein Newton, ein Leibniz dazu sagen, wenn sie hören sollten, dass man ihre herrliche *Erfindung* (Differentialrechnung) nicht als einen *Funken der Gottheit*, als einen *Adelsbrief*, wodurch die hohe *Abstammung des menschlichen Geistes* von den reinen *Intelligenzen* bewiesen wird, sondern bloß des Nutzens wegen schätzen will, dass man dadurch (in der Artillerie) berechnen kann, wie man die größte mögliche Anzahl von Menschen in der kürzesten Zeit tödten kann?" *(S. Maimon, 1794)*

M. sah Mathematik als die göttlichste Wissenschaft und sprach von Kants Ding-an-sich als „Differential des Bewusstseins" noch vor Hermann Cohen.

Fichte entdeckte die allen Objekten (und Affekten) „entfremdete Subjektivität" der produktiven Einbildungskraft, die sich beliebig in Objekte investieren und daraus wieder in sich zurückziehen könne.

Schelling sah „Kunst als Organon der Philosophie", das *Faktum der Vernunft* als *unvordenkliches Seyn*.

Hegels Panlogismus war nicht mehr mathematisch, sondern christlich. Vernunft sei logischer Schluss und Absolutes nur in realisierten Ideen zu fassen. Philosophie sei ihre Zeit in Gedanken erfasst, nicht in Gefühlen oder Geschäft(igkeit)en. Über idealer Essenz und zufälliger Existenz liege die realisierte Idee. Mathematik sei tot, formale Logik aber ideale Metaphysik, die nur als Physik real wird : Selbstentwicklung des Begriffs zu Schlüssen, die sich zur Natur entschließen. Das allgemein(gültig)e Ideal sei seine eigene besondere Realisierung, also Übergang in sein Gegenteil, oder ein Drittes über zwei Subjekten, die einander widersprechen und anerkennen. Konkrete Liebe sei das natürliche Abbild abstrakter Erkenntnis, Gattungsbegriffe seien eher Urbilder als Ebenbilder von Begattungen.

„Die Herrschaft der Freiheit kann nicht beginnen, solange die Arbeit nicht beendet ist, welche uns Notwendigkeit und äußerliche Endgültigkeit auferlegen." (*Marx* : „Das Kapital", III) „Es gibt keine größere Eselei für Leute von allgemeinen Bestrebungen, als überhaupt zu heiraten und sich so zu verraten an die petites misères de la vie domestique et privée ... Beatus ille, der keine Familie hat." *Marx* suchte eine „Assoziation, worin die freie Entwicklung eines jeden die Bedingung für die freie Entwicklung aller ist", nicht etwa umgekehrt.

„Der Schriftsteller betrachtet keineswegs seine Arbeiten als Mittel. Sie sind Selbstzwecke, sie sind so wenig Mittel für ihn selbst und für andere, daß er ihrer Existenz seine Existenz opfert, wenn's not tut... Die erste Freiheit der Presse besteht darin, kein Gewerbe zu sein. Dem Schriftsteller, der sie zum materiellen Mittel herabsetzt, gebührt als Strafe dieser inneren Unfreiheit die äußere, die Zensur ... " (MEW 1, S. 71).

Für *Schopenhauer* war die Kunst nur unbegrifflich kontemplative Schau platonischer Ideen und Moral ein Mitleid der Wissenden mit den nur Wollenden. Künste und Wissenschaften standen ihm über allen Machenschaften, Leidenschaften und Seilschaften. Die Welt sei schön zu sehen und schlimm zu sein. „Dieses intellektuelle Leben schwebt, wie eine ätherische Zugabe, ein sich aus der Gärung entwickelnder wohlriechender Duft, über dem weltlichen Treiben, dem eigentlich realen, vom Willen geführten Leben der Völker, und neben der Weltgeschichte geht schuldlos und nicht blutbefleckt die Geschichte der Philosophie, der Wissenschaften und der Künste." („Parerga und Paralipomena" II, 1. Teilband, Kapitel 3, § 52) Das reine „Weltauge" stehe überm Welttreiben der Triebe und Betriebsamkeit. Zitate aus den „Aphorismen zur Lebensweisheit" (1852): "Ein geistreicher Mensch hat, in gänzlicher Einsamkeit, an seinen eigenen Gedanken und Phantasien vortreffliche Unterhaltung, während von einem Stumpfen die fortwährende Abwechselung von Gesellschaften, Schauspielen, Ausfahrten und Lustbarkeiten, die marternde Langeweile nicht abzuwehren vermag." (Reclam, Stuttgart, S. 21 f.)

"Die Leere ihres Innern, das Fade ihres Bewußtseyns, die Armut ihres Geistes treibt sie zur Gesellschaft, die nun aber aus eben Solchen besteht; similis simili gaudet." (25)

"Sokrates sagte, beim Anblick zum Verkauf ausgelegter Luxusartikel : Wie Vieles gibt es doch, was ich nicht brauche." " (22)

"Der geistreiche Mensch wird vor Allem nach Schmerzlosigkeit, Ungehudeltseyn, Ruhe und Muße streben, folglich ein stilles, bescheidenes, aber möglichst unangefochtenes Leben suchen und demgemäß, nach einiger Bekanntschaft mit den sogenannten Menschen, die Zurückgezogenheit und, bei großem Geist, sogar die Einsamkeit wählen. Denn je mehr Einer an sich selbst hat, desto weniger bedarf er von außen und desto weniger auch können die Übrigen ihm seyn. Darum führt die Eminenz des Geistes zur Ungeselligkeit." (35 f.)

"Anregung geben ihm die Werke der Natur und der Anblick des menschlichen Treibens, sodann die so verschiedenartigen Leistungen der Hochbegabten aller Zeiten und Länder, als welche eigentlich nur ihm genießbar, weil nur ihm ganz verständlich und fühlbar sind. Für ihn demnach haben Jene wirklich gelebt, an ihn haben sie sich eigentlich gewendet ..." (45 f.)

"Denn die freie Muße eines Jeden ist soviel wert, wie er selbst wert ist." (50)

"Ball, Theater, Gesellschaft, Kartenspiel, Hasardspiel, Pferde, Weiber, Trinken, Reisen usw. Und doch reicht dies Alles gegen die Langeweile nicht aus, wo Mangel an geistigen Bedürfnissen die geistigen Genüsse unmöglich macht." (53) "Als die oberste Regel aller Lebensweisheit sehe ich einen Satz an, den Aristoteles beiläufig ausgesprochen hat, in der Nikomachäischen Ethik (VII, 12) : "Der Vernünftige geht auf Schmerzlosigkeit, nicht auf Genuß aus. " " (131)

"Demgemäß wird die möglichste Einfachheit unserer Verhältnisse und sogar Einförmigkeit der Lebensweise, so lange sie nicht Langeweile erzeugt, beglücken; weil sie das Leben selbst, folglich auch die ihm wesentliche Last, am wenigsten spüren läßt : es fließt dahin, wie ein Bach, ohne Wellen und Strudel." (147)

"Ganz er selbst seyn darf Jeder nur, so lange er allein ist: wer also nicht die Einsamkeit liebt, der liebt auch nicht die Freiheit : denn nur wenn man allein ist, ist man frei. Zwang ist der unzertrennliche Gefährte jeder Gesellschaft, und jede fordert Opfer, die umso schwerer fallen, je bedeutender die eigene Individualität. Demgemäß wird Jeder in genauer Proportion zum Werte seines eigenen Selbst die Einsamkeit fliehen, ertragen, oder lieben. Denn in ihr fühlt der Jämmerliche seine ganze Jämmerlichkeit, der große Geist seine ganze Größe, kurz, Jeder sich als was er ist." (150 f.)

"In diesem Sinne kann man auch die Gesellschaft einem Feuer vergleichen, an welchem der Kluge sich in gehöriger Entfernung wärmt, nicht aber hineingreift, wie der Tor, der dann, nachdem er

13

sich verbrannt hat, in die Kälte der Einsamkeit flieht und jammert, daß das Feuer brennt." (164) "Es gibt drei Aristokratien: 1) die der Geburt und des Ranges, 2) die Geldaristokratie, 3) die geistige Aristokratie. Letztere ist eigentlich die vornehmste." (165)

"Alle Geister sind dem unsichtbar, der keinen hat." (186) "Alle Dinge sind herrlich zu sehn, aber schrecklich zu seyn." (226) "Was Einer "an sich selbst hat", kommt ihm nie mehr zugute als im Alter." (246)

"Zum Wege der Taten befähigt vorzüglich das große Herz; zu dem der Werke der große Kopf ... Der Hauptunterschied ist, daß die Taten vorübergehen, die Werke aber bleiben ... Von Alexander dem Großen lebt Name und Gedächtnis: aber Plato und Aristoteles, Homer und Horaz sind noch selbst da, leben und wirken unmittelbar." (113)

"Demnach ist es ein schlechtes Kompliment, wenn man, wie heut zu Tage Mode ist, Werke dadurch zu ehren vermeint, dass man sie Taten tituliert : Denn Werke sind wesentlich höherer Art. Eine Tat ist immer nur eine Handlung auf Motiv, mithin ein Einzelnes, Vorübergehendes ... Ein großes oder schönes Werk hingegen ist ein Bleibendes, weil von allgemeiner Bedeutung, und ist der Intelligenz entsprossen, der schuldlosen, reinen, dieser Willenswelt wie ein Duft entsteigendes." (114)

Für Neukantianer **Cohen** war Sein nur das unendlich Kleine und Kants Rationalismus „Das Prinzip der Infinitesimalmethode und seine Geschichte" (1883).

Husserls rationale „Wesensschau" blieb Heideggers nationaler „Entschlossenheit" *eigentlich* überlegen. Die methodische *Epoché* klammert die kontingente Existenz ein, in der Heidegger die menschliche sah, um durch Variationen die reine Essenz eidetisch zu ermitteln : theoría jenseits bloß abstrakter Begriffe.

„*Adornos* Philosophie der Kontemplation" (Martin Seel) war eine *Kritische Theorie* der Gesellschaft. "Daß Aristoteles die dianoetischen Tugenden am höchsten stellte, hatte fraglos seine ideologische Seite, die Resignation des hellenistischen Privatmanns, der der Einwirkung auf die öffentlichen Dinge aus Angst sich entziehen muß und nach Rechtfertigung dafür sucht. Aber seine Tugendlehre öffnete auch den Horizont seliger Betrachtung; selig, weil sie dem Ausüben und Erleiden von Gewalt entronnen wäre ... Das Ziel richtiger Praxis wäre ihre eigene Abschaffung." *(Theodor Adorno:* "Marginalien zu Theorie und Praxis", In : Stichworte. Kritische Modelle 2, Frankfurt am Main 1969, Seite 178)

"Daß alle Theorie grau sei, läßt Goethe Mephistopheles dem Schüler predigen, den er an der Nase herumführt; der Satz war Ideologie schon am ersten Tag, Betrug darüber, wie wenig grün des Lebens Baum ist, den die Praktiker gepflanzt haben, und den der Teufel im gleichen Atemzug mit dem Metall Gold vergleicht ... Nichts soll sein, was nicht sich anpacken läßt; nicht der Gedanke." (169 f.) "Denken ist ein Tun, Theorie eine Gestalt von Praxis; allein die Ideologie der Reinheit des Denkens täuscht darüber." (171) "Hat die autarkische Praxis seit je manische und zwanghafte Züge, so heißt diesen gegenüber Selbstbesinnung: die Unterbrechung der blind nach außen zielenden Aktion ... Ihre Abkunft von Arbeit lastet schwer auf aller Praxis." (172)

"Die meisten Aktionisten sind humorlos auf eine Weise, die nicht weniger beängstigt als der Mitlacher-Humor anderer." (173)

"Heute wird abermals die Antithese von Theorie und Praxis zur Denunziation der Theorie missbraucht ... wer sich mit Theorie beschäftige, ohne praktisch zu handeln, sei ein Verräter am Sozialismus." (173)

"Solche Theoriefeindschaft wird zur Schwäche der Praxis. Daß dieser die Theorie sich beugen soll, löst deren Wahrheitsgehalt auf und verurteilt Praxis zum Wahnhaften; das auszusprechen ist praktisch an der Zeit." (176)

"Daß einige ohne materielle Arbeit leben und, wie Nietzsches Zarathustra, ihres Geistes sich erfreuen, das ungerechte Privileg, sagt

15

auch, daß es allen möglich sei; vollends auf einem Stand der technischen Produktivkräfte, der den allgemeinen Dispens von materieller Arbeit, ihre Reduktion auf einen Grenzwert absehbar macht."
"Mit der Trennung von Theorie und Praxis erwacht Humanität; fremd ist sie jener Ungeschiedenheit, die in Wahrheit dem Primat der Praxis sich beugt. Tiere, ähnlich wie regredierende Gehirnverletzte, kennen nur Aktionsobjekte ... " (178)

"Das Falsche des heute geübten Primats der Praxis wird deutlich an dem Vorrang von Taktik über alles andere." (180) − − "Pseudo-Aktivität, Praxis, die sich umso wichtiger nimmt und umso emsiger gegen Theorie und Erkenntnis abdichtet, je mehr sie den Kontakt mit dem Objekt und den Sinn für Proportionen verliert, ... ist wahrhaft angepaßt an die Situation des huis clos." (181)

"Aber das unmittelbare Tun, das allemal ans Zuschlagen gemahnt, ist unvergleichlich viel näher der Unterdrückung als der Gedanke, der Atem schöpft ... Wird der Begriff fortgeworfen, so werden Züge sichtbar wie die einseitige, in Terror ausartende Solidarität." (186)

"Wäre Praxis das Kriterium der Theorie, so würde sie ... zu dem von Marx angeprangerten Schwindel ... ; richtete Praxis sich einfach nach den Anweisungen der Theorie, so verhärtete sie sich doktrinär und fälschte die Theorie obendrein." (189 f.)

"Diejenige Theorie dürfte noch die meiste Hoffnung auf Verwirklichung haben, welche nicht als Anweisung auf ihre Verwirklichung gedacht ist ..." (190)

"Praxis, auf unabsehbare Zeit vertagt, ist nicht mehr die Einspruchsinstanz gegen selbstzufriedene Spekulation, sondern meist nur der Vorwand, unter dem Exekutiven den kritischen Gedanken als eitel abzuwürgen, dessen verändernde Praxis bedürfte."
("Negative Dialektik", Frankfurt/M. 1975, S. 15)

A. empfand eine "steigende Aversion gegen jegliche Art von Praxis, in der mein Naturell und die objektive Aussichtslosigkeit von

Praxis in diesem geschichtlichen Augenblick zusammenfinden mögen." (Brief an Günther Grass, 1968)

Im 17. / 18. Jahrhundert war der "bíos theoretikós" logischmathematisch und rationalistisch gewesen, die Philosophie des 20. Jahrhunderts aber war eher a(ffe)ktivistisch, entweder physisch oder psychisch, aber: „Die Gedanken sind weder Dinge der Außenwelt noch Vorstellungen. Ein drittes Reich muss anerkannt werden." (*Gottlob Frege*, 1918) Sir *Popper* nannte es die „dritte Welt" des Logos über oder unter der Physis und Psyche. *Carnap* entwickelte im „Wiener Kreis" einen logischen Positivismus reiner Fakten.

„Durch den ganzen logischen Apparat hindurch sprechen die physikalischen Gesetze doch von den Gegenständen der Welt." ("Tractatus", 6.3431) „Und außerhalb der Logik ist alles Zufall." (6.3) „Der Zweck der Philosophie ist die logische Klärung der Gedanken." (4.112) „Das logische Bild der Tatsachen ist der Gedanke." (3) „Der Satz kann die logische Form nicht darstellen, sie spiegelt sich in ihm." (4.121)

Der frühe *Wittgenstein* des Tractatus sah wie Carnap nur Logik der Physik oder Mystik (und Musik), der spätere nur noch gleichberechtigte, „familienähnlich" verwandte Umgangssprachspiele, die weder sozialkritisch noch formallogisch zu verbessern wären.

Laut *Whitehead* war die (europäische) Philosophiegeschichte nur eine „Reihe von Fußnoten zu *Platon*" und Platonismus für seinen Mitarbeiter *Russell* auch ein Totalitarismus gewesen. Mathematische Ignoranten sollten keinen Zutritt zu Platons Akademie haben. Für seinen Meisterschüler *Aristoteles* war nur ein geistiges Leben göttlich, ob nun mit oder ohne die Arbeitssklaven des Aristokraten Platon.

Spinoza blieb ein Muttersöhnchen der berechneten Natur, *Descartes'* Geist trennte sich leibhaftig vom todgeweihten Leib samt allem Arbeitsmaterial, und *Leibniz* rechnete mit der Natur nur infinitesimal, wenn er auf Papier differenzierte und integrierte : Das war das rationalistische Zeitalter zwischen dem Verstehen und dem Vernehmen.

Für den Empiristen *Hume* war Leidenschaft besser als alle Vernunft und kausale Folgerichtigkeit nur dumme Angewohnheit.

Der Aufklärer *Kant* blieb selbst ein unaufgeklärter Jüngling, für dessen Verständer das Dingsbums-an-sich der Mutter Natur ewig „unerkennbar" blieb, obwohl er ihrer strahlenden Erscheinung stets mit mathematischer Berechnung zu Leibe rückte.

Hegel und *Schopenhauer* haben immerhin gemein, dass der Geist die Welt beherrscht oder wenigstens beherrschen sollte. Der Geist ist eine Flucht, für Schopenhauer aus der Realität, für Hegel in die Realisierung. Dostojewski : „Wenn Gott tot ist, ist alles erlaubt", auch griechische Knabenliebe des Übermenschen Superman : *Nietzsche* suchte dionysische Schwulität nur vor christlicher Strafe zu schützen.

Adorno gab linke Proletarier und die patriarchale Religion seiner Väter verloren, so assimiliert, wie er war. *Bloch* wollte das Arbeitsmaterial vergeistigter als den Arbeiterkopf materiell und geistig versorgt. Seine manischen Utopien waren Kehrseiten lebenslanger Depressionen.

Existenzialist *Sartre* war bis zu stalinistischem Unrecht gegen die gutbürgerlichen Rechte(n).

1928 suchte der logische Empirist *Carnap* mit dem „Logischen Aufbau der Welt" eine mathematische Rekonstruktion der Erkenntnistheorie. Im Anwendungsteil II. seiner „Einführung in die symbolische Logik" (1961) entwickelte er formale Logikkalküle für empirische Wissenschaften in exemplarischen Modellformen. Niemand bisher verfolgte das weiter.

Basisbibliothek

Platon : Dialog „Parmenides"
Aristoteles : „Organon"
Baruch de Spinoza : „Ethik"
Gottfried W. Leibniz : „Monadologie"
Immanuel Kant : „Kritik der reinen Vernunft" (1781)
S. Maimon : „Neue Logik und Theorie des Denkens"
G. W. Friedrich Hegel : „Wissenschaft der Logik" (I / II)
Gottlob Frege : „Begriffsschrift"
Ludwig Wittgenstein : „Tractatus logico-philosophicus",
         „Vermischte Gedanken"
Rudolf Carnap : „Einführung in die symbolische Logik"
Willard Van Orman Quine : „Philosophie der Logik" (1970)
Thomas Seebohm : „Philosophie der Logik" (1984)

Logischer Platonismus der Ideen

„Intuitionistischer Konstruktivismus" muß zumindest die „ideale Existenz" von Mengen voraussetzen, und der phänomenologische Platonismus umgekehrt muß, wo es um Objekte der mathematischen Logik geht, seine geschauten Wesenheiten ebenfalls *konstruieren*.

Auch ideale Objekte können somit „unerschöpfliche Gegenstände" sein. Man kann sich herankonstruieren an reine kategoriale *Formen an sich*, die eine *dritte Welt* ewiger platonischer Ideen bilden neben Quines Individuen und Klassen von Individuen. Es ist ja eine Metalogik denkbar, die Konstruktivismus und Universalienrealismus komplementär so verknüpft, daß *Sätze an sich* rational rekonstruierbar werden, auch wenn ihre Referenzräume nur denkmögliche (oder interpretierbare) Welten jenseits der mathematisierten Physik bilden, und die Konstrukteure immer schon unkonstruierbare Ideen voraussetzen müssen. Die Riemannsche Geometrie war ja mathematisch entwickelt worden, lange bevor Einstein sie als effiziente Beschreibung realer Weltraummodelle nutzen konnte. Die formale Logistik leistet etwas sehr Ähnliches.

Seit Kant wissen wir, dass synthetische Urteile auch a priori gelten können, seit Saul Kripke glauben wir, dass analytische Urteile auch a posteriori sein können. Es mag Logiken geben, an die bisher noch niemand gedacht hat und die vielleicht noch interpretiert werden können in Bezug auf mögliche Welten. Der Konstruktivismus erkennt wie Kant kein Aktualunendliches an, sondern nur potentiellen progressus in infinitum. Aber die *aktual-*„unendlichfache Unentschiedenheit hinsichtlich Identität und Verschiedenheit" in der „chaotischen Mannigfaltigkeit" des Kontinuums bietet bei Hermann Schmitz die Möglichkeit, die Unerschöpflichkeit auch jedes Idealobjekts durch potentialunendliche Konstruktionen auszuschöpfen in immer neuen Explikationsschritten. Es ist unbestimmt, *dass* die platonische Idee unbestimmt ist, wo sie immer neu bestimmt wird. Die schlagende Evidenz idealer Fakten (zweiter Stufe) entstammt hier keiner untrüglichen Gefühlsautorität, sondern einem untrüglichen Begründungsverfahren. Was weder eindeutig beweisbar noch widerlegbar ist, ist bei Brouwer weder wahr noch nicht wahr, sondern ganz ähnlich unentschieden wie das „chaotische Verhältnis" bei Hermann Schmitz.

Von den überzeitlichen platonischen Ideen ging der Denkweg über deren cartesianische Subjektivierung (zu bloßen Vorstellungen von Außenweltdingen) und über den Rationalismus eines Leibniz (*calculus ratiocinator*, Lullische *ars magna, characteristica universalis*) bis zum deutschen Idealismus der regulativen Vollständigkeitspostulate. Danach richtete Schopenhauer sein reines willenloses „Weltauge" auf weltenthobene Ideen, bevor E. Husserl um 1900 jede logische Geltung von ihrer psychologischen Genese abhob und einen transzendentalen Platonismus der phänomenologischen „*Wesensschau*" etablierte. Gottlob Frege transzendentalisierte nicht mehr logische Urteilsformen zu „kategorialen Gegenstandsformen", sondern machte den Weg frei zu den „Principia mathematica" (1912) von Russell und Whitehead, hin zu Wittgensteins „Tractatus" (1922), bis „Der logische Aufbau der Welt" (1928) von Rudolf Carnap und „Word and Objekt" (1960) seines Schülers Willard Van Quine diese heroische Gründungsphase zu einem vorläufigen Ende brachten. Wittgenstein war der einzige Logiker unter den Frühromantikern und der einzige Frühromantiker unter den Logikern, eine Art von Synthese aus Frege und Novalis. Objektive Urteile über Fakten seien nur in der mathematischen Naturwissenschaft erreichbar, alles Übrige sei bloße Sache subjektiver Poesie und unkommunizierbarer Privatsprachen. Das Ganze und das Unbedingte sei in keinem objektiven Urteil abzubilden, sondern *zeige sich* nur indirekt in der Art, wie es von jeder Aussageform angezielt und verfehlt werde, in der Art, wie über die Sprache der Physik vergeblich metaphys(ikal)isch zu sprechen versucht werde.

Wenn wir gegen Quines Intention die enge Bindung von formaler Logik und mathematischer Physik etwas lockern, wird die Entwicklung alternativer Logiken und ihrer möglichen Interpretation durch mögliche Welten frei. Logikkalküle, die noch nicht oder überhaupt nicht sinnvoll interpretierbar sind, könnten auf Vorrat ausgearbeitet werden, auch wenn sich keine empirischen Modelle finden ließen. Und Mathematiker sind nicht unzufrieden, wenn sich möglichst große Teile ihrer Theorien zusätzlich als konstruktivistisch beweisbar erweisen sollten, soweit die reale Stellung des Subjekts zu den Idealobjekten sich eben logisch ausdrücklich (oder nur literarisch indirekt wie bei Wittgenstein) thematisieren ließe. Eine platonische Akademie des 21. Jahrhunderts könte *Glasperlenspiele* (Hermann Hesse, 1943) noch uninterpretierter Logikkalküle anregen und fördern – samt ihrer frühromantisch potenzierten Selbstreflexionen. Novalis schrieb: „Echte Mathematik ist das eigentliche Element des Magiers." „Aller Genuß ist musikalisch, also mathematisch." „Höheres Leben ist Mathematik."

Formale Logik stellt die Formen der Gedanken bereit, die den Sinn der Sätze spiegeln. Man bringt sich in Sicherheit vor dem Toben der Geschichte, vor dem Fließen der Zeit in zeitlosen Geisteskristallen. Die logische Ekstase führt auf platonische Ideen. Die existenzphilosophische Terminologie kann dabei partiell hilfreich sein : Der Mensch transzendiert sich selbst, aber nicht in die Zukunft hinein, sondern zu den Ideen hinauf. Der Sinn des Lebens besteht darin, sich selbst ins Übersinnliche zu überschreiten, das Zeitliche übersteigt sich ins Zeitlose, ich existiere mir selbst voraus nur insofern, als ich versuche, künftig über mich hinaus zu gehen: morgen werde ich tiefer denken als gestern und auf mich herabsehen. Ich bin mir voraus, indem ich mich übersteige in logische Form, die sich *instantiiert* durch wechselnde *tokens*, das ewige Urbild durch flüchtige Abbilder: Das Wörterbuch wechselt mit jeder Wissenschaft, die Grammatik bleibt in jeder Wissenschaft. Reine Aussageformen, Anschauungs-, Denk- und Gegenstandsformen : Formale Logik wahrt die Form, wenn auch alles Übrige wankt und vergeht. Reine allgemeine Form bedeutet Freiheit *von* allem und *zu* allem konkreten Inhalt; der Komplexitätsgrad der Formelkonstellationen geht den spezifischen Differenzen des Empirischen bis ins Infinitesimale nach. Nirgendwo sonst ist solcher menschenmöglichste Grad an exakter Gewissheit und sicherer Präzision erreichbar. Meine Weisheit erweist sich als die von Beweisen, ich beschließe, nicht mehr wert zu sein als die Schlüsse, die ich ziehe, und die Ideen, die ich zu denken und zu entwickeln vermag und deren Wert auf mich abstrahlt und übergeht.

Philosophischer Modalkalkül

Die Philosophie braucht **mehrstufige Modalkalküle.**
Definitionen:

Lp : es ist notwendig, daß das Urteil p wahr ist.
M p : es ist möglich, daß das Urteil p wahr ist.
Z p : es ist zufällig, daß das Urteil p wahr ist.
U p : es ist unmöglich, daß das Urteil p wahr ist.

Man kommt immer mit einer der vier Grundmodalitäten aus, die sich ineinander verwandeln lassen, wenn die Negation N hinzugenommen wird:

$$Lp=NMNp \quad Mp=ZNp \quad Mp = NLNp \quad Lp = UNp$$
$$Zp=MNp \quad Lp=NZp \quad Up = LNp \quad Mp = NUp$$
$$Up=NMp \quad Up=NZNp \quad Zp = NLp \quad Zp = NUNp$$

Ein zweistufiger Modalkalkül formalisiert bereits die wichtigsten Philosophien:
ZNZ = ZL = NLL (Daß alles notwendig geschieht, ist nicht notwendig. Es ist zufällig, daß nichts zufällig geschieht.)

NZZ = LZ = LNL (Daß alles zufällig ist, ist kein Zufall. Es ist notwendig, daß nichts notwendig ist: „Der Mensch ist zur Freiheit verurteilt.")

C = MvZ (Kontingent ist, was möglich oder zufällig ist.)

Hegels Idealismus ließe sich durch den Modalkalkül begreifen, daß alle Kontingenzen mit begrifflicher Notwendigkeit Kontingenzen sind. Alle Individuen sind dann notwendig zufällig, aber Begriffe nicht zufällig notwendig : **L (N L)**

LC = LLNL = NCC = NCNCC

Die Philosophie Sartres ließe sich darstellen durch einen dreistufigen Modalkalkül, wo die Kontingenz C als Freiheit interpretiert wird : **LCL = CLC**

(Es ist notwendig, daß alle Notwendigkeit kontingent ist, und *daß* alle Zufälle notwendig Zufälle sind, ist selbst nur Zufall.)

Allgemein gelten die Kalküle:

ZZ = MNZ = ML   ZNZ = ZL = NLL
MM = ZNM = ZU
MZ = MNL = UU   NZZ = LZ = LNL   ZM = NLM

Oskar Becker läßt den Modalkalkül durch Quantifizierung in den Prädikatenkalkül aufgehen. Hier erscheinen das Individuum und die Gesellschaft als Allgemeinheit.

L p = (x) fx   : *alle* wahr, keiner falsch
Z p = N(x) fx   : *nicht alle* wahr, mindestens einer falsch
U p = (x) N (fx)   : *alle nicht* wahr, keiner wahr
M p = N(x) N (f x) : *nicht alle nicht* wahr,
                        mindestens einer wahr

Hegels Idealismus : Für jeden Artbegriff eines Gattungsbegriffs gilt, daß mindestens eines seiner Individuen existiert und mindestens eines nicht. Nicht alle Individuen aller Begriffe sind schon realisiert: Es gibt „faule Existenzen".

Zu Adornos nominalistischer Logik

Auf den ersten Blick kann es philosophisch kaum Unvereinbareres geben als die formale Logik auf der einen Seite und den „Vorrang des Objektiven" in Adornos „negativer Dialektik" auf der anderen Seite. Es ist ebenso bedenklich wie reizvoll, die formale Logik gerade auf ein Denken anzuwenden, das die Erfahrung des realen Gegenstandes immer vehement verteidigt hat gegen den logischen Formalismus. Im Husserl-Buch „Metakritik der Erkenntnistheorie" schrieb Adorno, die Logik sei verdinglicht, denn sie sei selbst das Ding, das sie nicht habe. Adornos „Gehirnakrobatik" ist kein Schwindel, aber zuweilen doch so schwindelerregend, daß es nur gut sein kann, ihre Grundbegriffe logisch ebenso zu analysieren, wie Adorno umgekehrt die Logik analysiert hat.

An Individuen begreifen wir nur, was sie miteinander verbindet, aber nicht, was sie voneinander unterscheidet. Ein Individuum gilt als identifiziert, wenn es unter *seinen* Allgemeinbegriff „subsumiert" ist, den es mit anderen Individuen gemeinsam hat. Bekanntlich hat Adorno gegen dieses traditionelle Definitionsverfahren eingewandt, daß der Begriff die Individualität des Individuums, das er identifiziere, dabei gerade unterschlage und „vergewaltige". Der Allgemeinbegriff „kastriere" das Individuelle am begriffenen Individuum, er richte Individuen so zu, daß er an ihnen nur das begreife, was dem Begriff gleiche und wodurch sie einander gleichen. Verkürzt gesprochen, ließe Adornos Philosophie sich charakterisieren als ein paradoxes Programm zur Rettung des Individuums vor seinem Begriff, aber nicht durch irrationale Mittel, sondern nur durch Begriffe selbst. Wie ist ein Individuum durch Begriffe vor Begriffen und Begriffsstutzigkeit zu schützen? Oder verwechselt er Identität mit Äquivalenz, wie H. Schmitz monierte?

Adorno arbeitet wie Hegel mit Äquivokationen. Das Relationspaar Individuum-Begriff z.B. läßt sich bei ihm je nach Kontext ersetzen durch Beziehungen von Sein und Bewußtsein, Natur und Geist, Ich und Nicht-Ich, Subjekt und Objekt usw. Adornos rationale Selbstkritik der Ratio läßt sich logisch formalisieren, und diese logische Analyse enthüllt an der philosophischen Intention gerade Züge, die sonst leicht unbemerkt bleiben.

Wir werden folgende formallogische Konventionen benutzen:

-B Negation einer Aussage oder Komplement einer Klasse
∩ Klassendurchschnitt (logische Summe)
U Klassenvereinigung (logisches Produkt)
< Klassen-Inklusion (A schließt B ein)
→ Implikation von Aussagen („wenn ..., dann ...")
= Identität (Nichtidentität: ≠)
≡ wechselseitige Implikation: Äquivalenz
& Konjunktion von Aussagen („und")
v Adjunktion von Aussagen (einschließendes „oder")
E! Partikularisator: Für mindestens ein x gilt, daß ...
(x) Generalisator: Für alle x gilt, daß ...
est das Individuum x ist Element einer Klasse B: (x est B)
f(x) Argumentvariable x erfüllt die Funktion f

Ein Individuum x ist logisch unter seinen Begriff f subsumiert, wenn es Element einer Klasse B von Objekten ist, die alle die Funktion f erfüllen. Umgangssprachlich übersetzt: x gehört zu denjenigen Elementen y, die die Funktion f erfüllen und damit unter den Begriff B fallen. Wir werden sehen, daß Adornos Logik ein Klassenkalkül ist.

Ein existierender Begriff B identifiziert jeden seiner Gegenstände x und y, indem er sie miteinander und mit dem Begriff identifiziert.

E!B (x est B) & (y est B) ≡ (x = y)

Will man Adorno glauben, ist das Individuum x durch seinen Allgemeinbegriff B identifiziert und gleichzeitig nicht identisch mit diesem Begriff

(x est B) & (x est -B) ≡ f(x) & -f(x)

Dieser logische Widerspruch wird nicht hegelisch „aufgehoben", sondern ist der Motor von Adornos „Negativer Dialektik". Hegel dachte an „Identität von Identität und Nichtidentität" zwischen Individuum x und seinem Begriff B. Adorno dachte umgekehrt an den kleinen Unterschied, an die Nichtidentität von Identität und Nichtidentität. (Auch Russells Typentheorie trennt wie Adorno die Individuen und Begriffe durch eine ganze Meta-Stufe voneinander.) Was am Gegenstand durch seinen Begriff identifiziert werde, sei gerade *nicht* identisch mit dem, was nicht identisch mit seinem Begriff bleibe, sondern ihn transzendiere. Daraus folgt, daß jeder Gegenstand teilbar sein muß in seine Identifikation und das „Nichtidentische", damit er gerade *als* „Nichtidentisches" identifizierbar ist. Bei Adorno ist das Individuum somit teilbar und unteilbar zugleich. Diese Teilbarkeit des unteilbaren Individuums vor seinem Begriff und durch seinen Begriff ist ein Widerspruch, der unaufhebbar zum Kern von Adornos Denken gehört. Das Individuum ist kein Sozialatom. Es ist Mitglied der Gesellschaft und in sich gesellschaftlich zugleich. Seine Selbstidentität droht ständig zu zerfallen in prägenitale und „polymorph-perverse Partialtriebe", um der Zwangseinheit des Allgemeinbegriffs zu entgehen. Als mit sich identisch ließe das Individuum sich ja gerade nicht mehr unterscheiden von seinem identifizierenden Allgemeinbegriff. Nur ein Teil jedes Gegenstandes hat teil an seinem Begriff, ein anderer nicht. Jeder Gegenstand teilt sich bei Adorno gleichsam in einen identifizierten und einen *nicht-identischen* Teil, wobei jedes Individuum ebenso teilhaben kann an vielen verschiedenen Begriffen wie jeder Begriff an vielen verschiedenen Objekten O. Damit aber ist jedes Individuum nicht mehr als Element einer Klasse, sondern als Klasse innerhalb einer anderen Klasse begriffen: x ist identifiziert durch B heißt, es gehört zum logischen Durchschnitt:

$$x \text{ est } (O \cap B)$$

Die „Nichtidentität" ($x \text{ -est } B = x \text{ est } -B$) muß in Adornos Logik ersetzt werden durch die „Klassendifferenz"

$$(O \cap -B) \equiv (x)(x \text{ est } O) \rightarrow (x \text{ est } -B)$$

Das ist nicht zu verwechseln mit dem Schluß, der O zum *terminus medius* hat : $((x \text{ est } O) \& (O < B)) \rightarrow (x \text{ est } B)$

Der einzige „Klassenfunktor", den Adorno gelten läßt, ist neben der „Negation" die (sozio-)logische Klassendifferenz, während er die logische „Inklusion" abtut als bloß kollektivierende Subsumption und das „logische Produkt" als Durchschnitt(lichkeit). Jedes Individuum Adornos ist dann die logische Summe aus der logischen Differenz zu seinem Begriff und dem logischen Produkt mit seinem Begriff:

$$O = (O \cap -B) \cup (O \cap B) \equiv (x)(x \text{ est } O) \vee (x \text{ est } B) \& (x \text{ est } -B)$$

Das Element wird zur Klasse und die Klasse zum Element in diesem Kalkül. Die Individualität eines Individuums besteht bei Adorno nicht mehr darin, Element einer Klasse zu sein, sondern in der logischen „Differenz" zwischen zwei nicht-leeren Klassen, deren Durchschnitt nicht leer ist, aber auch nicht zusammenfallen darf mit einer der beiden Klassen. Die logische Klassendifferenz schließt Klassen ein, die einander ausschließen, wo also keines der Elemente einer Klasse auch Element der jeweils anderen Klasse ist. Wenn aber das Individuum nicht nur das „Nichtidentische" sein soll, sondern auch unter seinen Begriff fallen soll, muß aus der Klassendifferenz die darin inklusive logische „Exklusion" erst ausgeschlossen werden. Ist das Individuum ein Objekt seines Oberbegriffs, darf es seinem Begriffsumfang weder fremd noch gleich sein. Adorno begreift also jedes Individuum als Klasse, die mindestens ein Element enthält, das auch in seinem Begriff enthalten ist, und zugleich mindestens ein Element enthält, das in diesem Begriff *nicht* ent-halten ist:

$$(O \cap -B) \equiv E! \, x \, (x \text{ est } O) \& (x \text{ est } B) \&$$
$$E! \, y \, (y \text{ est } O) \& (y \text{ est } -B) \& (x \neq y)$$

Die Klassen von Objekt und Begriff müssen mindestens einen Schnittpunkt haben. Die Nichtidentität von Individuum und identifizierendem Begriff kann Adorno somit nur begreiflich machen, indem er jedes Element einer Klasse selbst wieder als Klasse von Elementen versteht, also jedes Objekt eines Begriffs als Begriff von spezielleren Unterobjekten und umgekehrt jeden Begriff von Objekten als ein Objekt noch allgemeinerer Oberbegriffe. Wie das Objekt selbst als Begriff begriffen werden muß, so auch der Begriff als Objekt. So entsteht bei Adorno der noch gar nicht recht gesehene Widerspruch, daß das Individuum nur dann die gewünschte Differenz zu seinem Begriff erreicht, wenn es paradox gerade selbst identisch wird mit einem Begriff: Nur als Begriff ist das Individuum *nicht* mit dem Begriff identisch. Das ist ein alles andere als triviales und tautologisches Resultat der logischen Analyse von Adornos Begrifflichkeit. Das Sein ist nur dann anders als sein Bewußtsein, wenn es selbst Bewußtsein ist und wenn das Bewußtsein selbst ein Sein ist – für ein anderes Bewußtsein. So steht hier ein Bewußtsein keinem Sein, sondern einem Bewußtsein gegenüber, und die „Nichtidentität" von Sein und Bewußtsein entpuppt sich als Differenz zwischen einem menschlichen Bewußtsein und dem Bewußtsein eines anderen Menschen (oder als Differenz innerhalb eines einzigen Selbstbewußtseins, als Distanz eines Bewußtseins von sich selbst). Adornos Schüler Habermas hat davon falsch profitiert, als er den Verstand durch Einverständnis und Verständigung zwischen Alt(ernativ)deutschen ersetzte. Die Identität von Sein und Bewußtsein kehrt bei Adorno recht paradox durch die Hintertür wieder herein durch die Anstrengung hindurch, „Nichtidentität" zu erreichen. Treibe die Identität mit der Mistgabel aus, sie kehrt immer wieder zurück. Auch nach Russell ist die „Klasse" kein Element ihrer selbst, aber eine Teilklasse ihrer selbst, ob nun logisch oder soziologisch verstanden:

$$(B < B) \equiv ((B \text{ -est } B) \, \& \, (B \text{ est } -B))$$

Ein Individuum erkennen heißt für Adorno, mit Begriffen zu erkennen, was es von seinem Begriff trennt. Der logische Durchschnitt von Objektmenge und Begriffsmenge ermöglicht die Identifizierung des Objekts. Ihre logische Differenz ergibt das „Nichtidentische": Es ist nicht identisch mit dem Begriff Nichtidentität, der logischen Nullklasse 0 (Allklasse aller sich selbst widersprechenden Gegenstände $x = -x$). Was seiner Klasse sowohl angehört als auch nicht angehört, kann kein Individuum, sondern muß selbst eine Klasse sein, die sich mit der Klasse seines Begriffs schneidet.

In der Logistik sind zwei Objekte x und y identisch, wenn alle Begriffe, die vom einen Objekt erfüllt werden, auch vom anderen Objekt erfüllt werden. Adorno unterstellt der Logik, ihr genüge ein einziger Begriff, um Objekte zu identifizieren:

$(x = y) \equiv E! \, B \, (x \text{ est } B) \, \& \, (y \text{ est } B) : \text{Adorno}$
$(x = y) \equiv (B) \, (x \text{ est } B) \, \& \, (y \text{ est } B) \quad : \text{Logistik}$
$(x \neq y) \equiv E! \, B \, ((x \text{ est } B) \, \& \, (y \text{ -est } B) \, v \, (y \text{ est } B) \, \& \, (x \text{ -est } B))$

„Liebe ist die Fähigkeit, Ähnliches am Unähnlichen wahr-zunehmen", aber nicht Ungleiche gleichzuschalten. Der Begriff differenziert sich zu Individuen, das Individuum zu „Partialtrie-ben", die das Individuum überwältigen und seine Einheit bedrohen. Der Zerfall des Subjekts in seine objektiven Bestandteile scheint der Preis zu sein für seine Differenz von seinem Begriff und für den Zerfall des Begriffs in seine Objekte. Die Differenz von Sein und Bewußtsein ist logisch eine „Klassendifferenz". Individuen und Begriffe sind bei Adorno Klassen, die einander überschneiden, ohne wie bei Hegel voll ineinander enthalten zu sein oder einander nominalistisch gänzlich elementfremd zu sein. Hegel versteht Identität (Subsumption der Objekte O unter *ihren* Begriff B) als logische Klassen-Inklusion, Adorno versteht die Nichtidentität als logische Klassendifferenz. Das Individuum ist identisch und zu-gleich nicht identisch mit seinem Begriff. Somit ist es nicht nur Element einer Klasse, sondern auch Klasse von Elementen, also selbst ein Begriff, der sich mit seinem eigenen Begriff überschnei-det, dessen Objekt es ist. Das Individuum entpuppt sich unter der Hand als Begriff und der Begriff als Individuum.

Nur indem Adorno das Individuum selbst als Begriff be-greift und nicht als „blinden somatischen Impuls", kann er es dem Zugriff seines Begriffs entziehen. Vom Begriff identifiziert wird es nur, wenn es nicht selbst Begriff ist, wenn es also nicht begreift, wie es auf seinen Begriff gebracht wird. Nur der Begriff vom Be-griff entwindet sich dem Begriff, ohne irrational zu werden. Hegel behielt mit Adorno recht gegen Adorno. Anders gesagt: Das Indi-viduum muß Intellektueller werden, um kein bloßes Objekt von Begriffen zu bleiben.

$$(O \cap \text{-B}) \equiv (\text{-O} \cap B)$$

Wenn Objekt O und Begriff B aber identisch werden, ent-steht gerade ein Wider-spruch: $(O \, \& \, \text{-O}) \, v \, (B \, \& \, \text{-B})$.

Sobald Subjekt und Objekt einander nicht mehr widersprechen, widerspricht jedes von beiden sich selbst. Die Nichtidentität von Individuum und Begriff ist nur als mangelnde Selbstidentität des Individuums selbst erreichbar. Das Individuum zerfällt in so viele Begriffe wie der Begriff in Individuen. Es sprengt seinen Begriff nur dadurch, daß es sich selbst als Inbegriff von Individuen begreift und seinen Begriff als Individuum allgemeinerer Begriffe. Anders gesagt: Adorno versteht oder mißversteht das Individuum als einen Artbegriff und die Artbegriffe als Individuen. Die klassische Definition einer Definition lautet: *definitio fit per genus proximum et differentiam specificam.* Unter ihrem nächsthöheren Gattungsbegriff liegen die Artbegriffe wie die Individuen unter ihrem Artbegriff. Der Artbegriff (mit seiner spezifischen Differenz zu anderen Artbegriffen desselben Gattungsbegriffs) ist der „terminus medius" zwischen Individuum und Gattungsbegriff, das bei Adorno so elitär ausgezeichnete ganz Besondere zwischen Einzelheit und Allgemeinheit, individuum est ineffabile: Die individuelle Differenz wird zur spezifischen Differenz zwischen *besonderen* Arten. Der Artbegriff ist ein Individuum vor dem Gattungsbegriff und Allgemeinbegriff vor dem Individuum. Hier wird deutlich, warum Adorno die Individualität als „Konstellation von Allgemeinbegriffen" begriffen wissen will und nicht als Objekt eines Begriffs.

Ein *mehrstufiger Relationenkalkül **B(B)*** hilft vielleicht, Adornos Sozialkritik zu verstehen.

mBn : Der Mensch m beherrscht die ganze Natur n = 1.
m<n : Der Mensch m ist ein Teil der Natur n = 1.
(mBn) & (m<n) .→. (mBm) :
Der Mensch m beherrscht sich selbst.

Stufenrelation **BB** = B(B) = mB(mBn)
(**1** : Allklasse, **0** : Nullklasse)

31

Der Mensch beherrscht, *dass* er die Natur beherrscht, also den in sich, der alles beherrscht:

$$B(B) \rightarrow ((m<n) \,\&\, \text{-}(mBn) \,\&\, \text{-}(nBm) \,\&\, \text{-}(mBm))$$

Daß der Mensch sich selbst beherrscht, sofern er ein Teil der Natur ist, bedeutet nicht, dass er seine Naturbeherrschung beherrscht: die Stufenrelation ist nicht dasselbe wie eine *selbstreflexive Relation*.

Wenn ich jemanden beherrsche, der alle beherrscht, dann beherrsche ich durch ihn hindurch auch alle:

$$((xBy \,\&\, yB1) \rightarrow xB1) \equiv (xBy \mid yBx)$$

Wenn ich beherrsche, *dass* ich alles beherrsche, beherrsche ich gar nichts und werde von nichts beherrscht:

$$BB1 \equiv xB(xBn) \rightarrow \text{-}E! \, n \, (xBn) \, v \, (nBx)$$

Und Selbstbeherrschung ist nicht dasselbe wie die Herrschaft über Naturbeherrschung:

$$(x) \, xBx \neq (y) \, (xBBy)$$

Der *Stufenkalkül* ist auch nicht zu verwechseln mit der *Relationenverkettung*. Beherrsche ich jemanden, der einen Dritten beherrscht, beherrsche ich diesen Dritten:

$$(x,y,z) \, (xBy \,\&\, yBz) \rightarrow (xBz)$$

Beherrsche ich jemanden, der mich beherrscht, beherrsche ich mich selbst – durch ihn hindurch:

$$(xBy \,\&\, yBx) \rightarrow (xBx \,\&\, yBy)$$

Zur formalen Anthropologik

Zur Logik des Indefiniten: Etwas als unbestimmt bestimmen.

Notation von Lukasiewicz : **A** (Disjunktion),
D (Exklusion), **I** (Identität),
Q (Äquivalenz), **N** oder ¬ (Negation), **J** (Nichtidentität),
K (Konjunktion),
C (Implikation), (p, q, r: Aussagevariable),
(x, y ,z... : Individuenvariable),
(f, g, h: Prädikatoren), **Ux** (x ist „unbestimmt"),
(a, b, c,... : Individuenkonstanten),
G (Generalisator), **E** (Partikulisator),
Kennzeichnung : ´**x** : dasjenige x, welches...
Identität **Ixy** : (x = y)　　Differenz **Jxy** : (x ≠ y)

Die *Unbestimmtheit* wiederholt sich in verschiedenen Teilbereichen der Logik:

1) Es ist (bestimmbar) unbestimmt, ob p bzw. q wahr (1) oder falsch (0) ist (Wahrheitswerte der Aussagevariablen). Endlicher Bereich : (0,1).

2) Es ist unbestimmt, welches bestimmte Individuum a oder b zu einem bestimmten Begriff gehört (und damit eine bestimmte Funktion f erfüllt).
QExfxAfafb... Finit indefiniter (endlich unbestimmter) Bereich : (a,b,...)

Es ist unbestimmt, zu welchem bestimmten Begriff f oder g umgekehrt ein bestimmtes Individuum gehört :
Afaga bzw. Dfaga. Bereich: (f,g,h,...)
QUxKAIxyIxzJyz bzw. QUxDIxyIxz = QUxAJxyJxz
QUxKGxAfxgxJfg bzw. QUxDfxgx = QUxANfxNgx

Es ist unbestimmt, zu welcher bestimmten Klasse ü oder ö ein bestimmtes Individuum x gehört.

(/ : Aussagen-Exklusion, // : Klassen-Exklusor)

(ü // ö) = ′x (x est ü / x est ö)

Finit indefiniter Bereich (ü, ö,...)

Es ist unbestimmt, ob zwei bestimmte Individuen x und y in der bestimmten Relation R oder S zueinander stehen.

Endlicher Bereich : (R, S...)

R // S = ′x ′y (xRy / xSy)

(Es ist möglich, daß beide Relationen R und S *nicht* zutreffen, aber *nicht* möglich, daß beide Relationen zutreffen.)

Es ist „möglich", daß p wahr ist,
und auch möglich, daß p falsch ist.
Possibilator **Mp** : p kann wahr sein.

Aristoteles definierte Kontingenz
C (Möglichkeit von Wahrheit und Falschheit) als:
KMpMNp (bzw. NMKpNp) oder als:
KMpZp (Zufall / Contingentator Zp = MNp).

Der **Disjunktor A (DNpNq = NKNpNq,** „oder auch", vel) zwischen zwei Aussagen p und q ist nur falsch, wenn p und q beide zugleich falsch sind, aber auch wahr, wenn beide wahr sind.

Der hier für die Bestimmung der Unbestimmtheit geeignetere **Exklusor D (ANpNq = NKpq,** „konträre Opposition", „Unverträglichkeit", „außer") ist auch dann wahr, wenn p und q beide falsch sind, aber falsch, wenn beide zugleich wahr sind.

Der **Kontravalentor J** („aut – aut", „entweder – oder", „große Alternative", „strenge Disjunktion", „kontradiktorische Opposition", **NEpq = NKCpqCqp)** ist nur dann wahr, wenn genau eine von beiden Aussagen wahr bzw. falsch ist. (Ob entweder p oder q entweder wahr oder falsch ist, ist dabei offen).

B (Bestimmtheit) : Ux = U = BU = NB = BNB. # UUx = UU = BUU = NBNB. (B) U(1)U(2)U(3) ...

U(n) (n-fach unbestimmte Unbestimmtheit).

Vereinigung (CO) und Verzweigung (DI)

(frei nach *Rudolf Carnap:* „Einführung in die symbolische Logik", Wien 196o, Kapitel 53)

Operatoren : v (Adjunktion) **&** (Konjunktion) ↔ (Äquivalenz) ¬ (Negation) → (Implikation) < Klasseninklusion
Ex (Partikularisator : es gibt ein x)
(x) (Generalisator : für alle x gilt)

(x,y) (x = y) ↔ (f) (fx ↔ fy)
(„identitas indiscernibilium" des Leibniz)

Sheffer-Funktor (Unverträglichkeit) | : für alle (x,y,z) gilt:
y ist verschieden von z, x ist identisch mit y
oder mit z (oder weder mit y noch mit z),
aber nie mit y und mit z zugleich) :
U(x) ↔ ((x = y) | (x = z)) & (y ≠ z)   bzw.
(x ≠ y) v (x ≠ z) & (y ≠ z) ↔ ((Jxy v Jxz) & Jyz)
(bzw. **KJyzAJxyJxz**)

P(x,y) : x ist ein Teil von y

DI(x,y)   : (Teilung und Verzeigung von x in y und *z)*
CO(x,y) : (Vereinigung von x *und z* zu y)

P(x,y) & P(y,x) ↔ (x = y)   (P & P(¬l) < I)
(Identisches ist Teil voneinander) ⌐⌐

(x früher als y) **Time(x,y) → ¬ P(x,y)**
(Teile desselben sind gleichzeitig)

Mxy : x geht über in y (Mutation) :
$$DI(x,y) \lor CO(x,y) \to P(x,y) \lor P(y,x)$$

Wenn x durch Verzweigung in y übergeht, so gibt es mindestens ein von y verschiedenes z, in das x durch Verzweigung übergeht:
$$DI(x,y) = Ez \, ((z \neq y) \, \& \, DI(x,z))$$

Wenn x durch Verschmelzung in y übergeht, so gibt es mindestens ein von x verschiedenes z, das durch Verschmelzung in y übergeht:

$$CO(x,y) = Ez \, ((z \neq x) \, \& \, CO(z,y))$$

a) **DI(x,y) : Mxy & (Ez)(P(y,x) & P(z,x))**
b) **CO(x,y) : Mxy & (Ez)(P(x,y) & P(z,y))**
c) **CO(x,y) → (Jxy v Jzy & Jxz)**
   (Lukasiewicz : **Cfs(x,y)KJxzAJxyJzy)**

x ist das einzige Element das in y geteilt wird:
1)   **DI(x,y) → x = M´y**

y ist das einzige Element, zu dem x verschmolzen wird:
2)   **CO(x,y) → y ¬ M(¬l)´x**
       dabei bedeutet : **M(¬l)(x,y) = M(y,x)**

¬ **Mxx**   (M irreflexiv)
Mxy & Myz → ¬ Mxz   (M intransitiv)
Mxy → ¬ Myx   (M asymetrisch)

(y,z) P(y,z) → Ex P(x,y)   (unendliche Teilbarkeit von z)
(x,y) P(x,y) → Ez P(y,z)   (unendliche Erweiterbarkeit von x)

Beispiel : Jedes Individuum **mid** kommt sowohl zur Teilung (in **small** und ...) wie zur Fusion (mit ... zu **big**) und entsteht sowohl aus Differenzierung (von **big** in **mid** und ...) wie aus Integration (aus **small** und ...) zugleich.

P(small, mid) & P(mid, big) & P(small, big)

Anthropologisches Axiom:
a.) DI(mid,smaIl) & CO(mid,big)
(Verzweigung und Vereinigung haben gemeinsame Erstglieder)
b.) DI(big,mid) & CO(small,mid)
(Verzweigung und Vereinigung haben gemeinsame Zweitglieder)

Will sagen : Jedes Individuum ist zugleich
1) fusionierend fusioniert **2)** zerfallendes Zerfallsprodukt
3) zerfallend fusionierend **4)** fusioniertes Zerfallsprodukt

(Koinzidenz **Koin***)* Für Menschen gilt:
(x) (¬ Koin(x,x) ↔ Time(x,x))

Bewußtsein: **Bxy**
(das Individuum x ist sich eines Individuums y bewußt)
(x,y) (Bxy & Byx) ↔ (Bxx & Byy)
(bzw. **QKBxyByxKBxxByy**)

Zwei Möglichkeiten der Unbestimmtheit U(y) ↔ CO(x,y)
 Cfs(x,y)KJxzAJxyJzy : *Es ist unbestimmt, ob y identisch ist mit x oder mit z oder auch mit keinem von beiden (mit beiden zugleich ist es nie identisch).*
Cfs(x,y)KJxzAIxyIzy : *Es ist unbestimmt, ob y identisch ist mit x oder mit z oder auch mit beiden zugleich (von beiden verschieden ist es nie).*

Frei nach *Hermann Schmitz:* „Der unerschöpfliche Gegenstand", Bonn 1995:

„Primitive Gegenwart" CO (durch „personale Regression" auf „leibliche Enge" unter „affektiver Ergriffenheit") entfaltet sich in die fünf Dimensionen DIM (Raum, Zeit, Einzelheit, Realität, Ich) durch „personale Emanzipation" DI:

DIM ↔ DIM1(Nun,Einst) v DIM2(Hier,Dort)
v DIM3(Dies,Jenes) v DIM4 (Facta,Ficta) v DIM5(Ich,Du)

Dies = ¬ Jenes
Ficta (Schein) = ¬ Facta (Sein)
Einst = ¬ Nun
Du (Nicht-Ich) = ¬ Ich
Dort = ¬ Hier
DI („personale Emanzipation") = ¬ CO („Regression")

1. *Personale Emanzipation* des Individuums x aus *leiblicher Enge*:

(x) DI(x,DIM) ↔ M(x,DIM1) & [¬P(Nun,x) v ¬P(Einst,x)] v
M(x,DIM2) & [¬P(Hier,x) v ¬P(Dort,x)] v
M(x,DIM3) & [¬P(Dies,x) v ¬P(Jenes,x)] v
M(x,DIM4) & [¬P(Facta,x) v ¬P(Ficta,x)] v
M(x,DIM5) & [¬P(Ich,x) v ¬P(Du,x)]

Entwurf in „spielerischer Identifizierung"
unabhängig von der Wirklichkeit:

(x)LUD .↔. (x)(¬ P(Dies,x) v ¬ P(Jenes,x)) & ¬ DIM4(Facta)

2. „Personale Regression" des Individuums x
durch „affektive Ergriffenheit":

(x) CO(DIM,x) ↔ M(DIM1,x) & [P(Nun,x) & P(Einst,x)] v
M(DIM2,x) & [P(Hier,x) & P(Dort,x)] v
M(DIM3,x) & [P(Dies,x) & P(Jenes,x)] v
M(DIM4,x) & [P(Facta,x) & P(Ficta,x)] v
M(DIM5,x) & [P(Ich,x) & P(Du,x)]

Auflösung der Russell-Paradoxie der materialen Implikation

(¬)MeM soll bedeuten :
Die Menge M ist (k)ein Element der Menge M.
Enthält die Menge M aller Mengen, die nicht sich selbst enthalten,
sich selbst? Enthält sie nicht sich selbst, müsste sie sich selbst enthalten; enthält sie aber sich selber, gehört sie gerade nicht zu den
Mengen, die sie enthalten sollte. (Die *Ipsoreflexivitätsregel*, die
sich selbst enthaltende Mengen verbietet, wäre eher willkürlich

und würde MeM fälschlich zur falschen Aussage machen.) Diese Russell-Antinomie, der Widerspruch zwischen beiden ableitbaren Aussagen MeM und ¬MeM, löst sich ganz zwanglos auf durch *einfach bestimmte Unbestimmtheit* jeder der beiden Aussagen und taucht nur auf, wo MeM .≡. B(MeM) bzw. ¬(MeM) .≡. B¬(MeM) bedeuten würde, verschwindet aber bei

B (¬ B(MeM)) & B (¬B(¬MeM)) .≡. B (¬B(MeM v ¬MeM))

     H. Schmitz spricht von **!p** (entschiedenes p) und **¬!p** (unentschiedenes p), während ich es vorziehe, von **Bp** (Bestimmtheit) und **¬Bp** (Unbestimmtheit Up) zu reden. Die formale Logik, wo sie von der Aussageform p spricht, meint stets **B(Bp)** (Schmitz: **!!p**) und kennt kein **¬Bp**, sondern nur **B¬p**. Der Satz der Widerspruchsfreiheit **(!p v !¬p)** ist nicht äquivalent mit **(!p v ¬!p)** oder mit **(!¬p v ¬!¬p)**.

     In meiner Notation wird daraus bei **(p ≡ MeM)** :
(Bp v B¬p) .≠. (Bp v Up) .≠. (B¬p v U¬p).

Aber die sinnvolle Aussage   **B(Up) & B(U¬p)**
über die *einfach bestimmte Unbestimmtheit* von p und ¬p enthält nicht mehr den Widerspruch **(Bp & B¬p)** bzw. **(Bp & Up)**.
Es gilt : **B(¬Bp) → ¬ B(Bp)** (Implikation ohne Replikation)
Bp .→. B(Bp) v ¬B(Bp)
¬Bp .→. B(¬Bp) v ¬B(¬Bp)
B1(p) = U0(p) bzw. **U1(p) = B0(p)** (U1: einfache Unbestimmtheit)

Die Russell-Antinomie, die Wahrheit wie Falschheit von MeM einfach unbestimmt lässt, löst sich aber *nicht* mehr auf durch Unbestimmtheit, ob MeM unbestimmt ist, wenn also weder bestimmt noch unbestimmt ist, ob MeM gilt:
U(U(MeM)) & U(U(¬MeM)) .≡. ¬B(¬Bp) & ¬B(¬B¬p)).
MeM und ¬MeM rivalisieren um M,
das aber nicht ambivalent instabil ist wie **U∞(p) < Bp**.

FORMALE MODALMORAL

Bausteine einer praktischen Philosophie

(nach *Paul Lorenzen*: „Theorie der technischen und politischen Vernunft", Stuttgart 1978)

(x) Generalisator : für alle x gilt...
Vx Partikularisator : für mindestens ein x gilt ...
A ^ B Konjunktion
B → A Implikation : wenn B, dann A
- A   Negation
+ A   A ist geboten : **-&-A**
+ -A   A ist verboten : nicht identisch mit ungeboten (**- + A**)
& A   A ist erlaubt : **- + (-A)**
x : y   aus der Perspektive von x an den Adressaten y gerichtet
! A   Verwirkliche das Ziel A! (Zweckimperativ)
S → *A
Wenn Situation S herrscht, dann rechne damit, daß A sein wird!
(bedingter Futurativ, Klugheitsimperativ)
Vt (x) B → *A
(Gesetz : generell bedingte Regel mindestens zur Zeit t)

Vt (x) B → !A (generell bedingte NORM A : Alle x sollen unter der Bedingung B mindestens zur Zeit t den zugemuteten Sachverhalt A verwirklichen)

***A1 ^ *-A2**   Rechne damit, daß A1 sein wird und nicht A2!

!A2 ^ !-Al   Verwirkliche A2 und nicht A1!

(B → *A) → (B → At) gilt *nicht,* denn A tritt nicht ontologisch ein, wenn ich damit rechnen soll, daß es zur Zeit t eintreten wird. Das Sollen entstammt nicht dem Sein.

***(-Al) oder -(*A1)**   Rechne damit, daß A1 nicht sein wird,
                          oder rechne nicht damit, daß A1 sein wird.

$B \rightarrow (+ \, ! \sum \, !)$ (bedingtes Gerechtigkeitsgebot
                         aus dem Normensystem $\sum$)

$B \rightarrow (+ \ast \sum \ast A)$ (bedingtes Gesetz aus dem Gesetzessystem $\sum$)

$(- + ! \, -A) = \& ! A$ (A zu verwirklichen ist *erlaubt :*
                          Es ist nicht geboten, daß A nicht sein soll)

$(- + !A) \, \char`\^ \, (- + ! \, -A)$ (Verwirklichung von A ist freigestellt für *hypothetischen Imperativ,* also weder geboten noch verboten)

$Vt \, x : x \, B \rightarrow (+ \, !A,x)$
Mindestens zur Zeit t ist nur aus der Perspektive von x und für den Adressaten x die Norm A des Imperators x unter der Bedingung B zu verwirklichen: *unverbindlich* geltende Norm, hypothetischer Imperativ, Klugheitsregel A *im Belieben von x.*

Kants *Kategorischer Imperativ* bei einer beliebigen Maxime A:
       $(t) \, (x) : (x) \, (+!A)$

      Jederzeit ist aus der Perspektive jedes Menschen an die Adresse aller Menschen der unbedingt gültige und absolut verbindliche kategorische Imperativ K zu verwirklichen:
       $K = (t) \, (x) : (x) \, !A,x \, . \rightarrow . \, -(A \, \char`\^ \, -A)$
      Jederzeit hat jedes vernünftige Wesen einer Maxime zu folgen, die sich nicht widerspricht, wenn sie die Maxime eines beliebigen anderen wird.

      $Vt \, x{:}y \, B \rightarrow (! \sum !A,z)$

Allgemeine Form einer bedingten (verbindlich oder unverbindlich geltenden) Norm (aus dem Normensystem $\sum$) aus der Perspektive von x an die Adresse von y mindestens zur Zeit t und vom Befehlsgeber z, der nicht identisch ist mit x und y.

  Das Christentum wäre dann die Norm :
      (Christ) : (Mensch) $+ !$ (Evangelium, Gott)

Anthropologik
bei Hegel und Sartre

Nicht wenige Philosophen führen Grundoperationen ein, oft zwischen antagonistischen Basisbegriffen, die es erst logisch zu analysieren gälte, um Vergleiche zwischen den Philosophien zu erleichtern und einen ausreichenden Grad an intersubjektiver Diskutierbarkeit zu erreichen, ohne sie nur von außen zu beurteilen oder ihren Terminologien zu erliegen. Eine geschickte Wahl von spezifischen „Stufenfunktionen" (wie etwa Prädikatenprädikate), die Grundrelationen einer Philosophie auf sich selbst oder aufeinander anwenden, um unterschiedliche Meta-Ebenen und die für einen Denker charakteristische Reflexivität der Sprache zu sichern, könnte dabei gute Interpretationsdienste leisten. (Wenn z. B. Leibniz und Kant wirklich, wie Hermann Cohen zeigte, vor allem Naturwissenschaftsphilosophien der Differential- und Integral-rechnung aufgestellt haben, würde deren Tiefengrammatik vor allem durch logische Analyse der Infinitesimalmathematik freigelegt.) Um dem naheliegenden Einwand zu begegnen, daß Logistik à la Carnap geisteswissenschaftlich wenig fruchtbar sei, wurden hier auch und gerade zwei dialektische und phänomenologische Beispiele gewählt.

Verwendete Funktoren und Quantoren:

v (Adjunktion) .
. (Konjunktion)
– (Negation)
=> (Implikation)
= (Äquivalenz)
( ) (Generalisator)
B (Partikularisator)

A. Sartres „existenzielle Phänomenologie" : Grundbegriffe

s (Subjekt), o (Objekt), x (Fürsichsein), y (Ansichsein),
xRy (x rechtfertigt y),
xGy (x bewirkt, begründet y),
xAy (x liebt y),
xMy (x macht, erfindet y)

Äquivalenzklassen : xTy (x transzendiert y) = **xEy** (x enthüllt y) =
xLy (x befreit sich von y) = **xNy** (x negiert y) = **xDy** (x distanziert sich von y)

s = dcf (xTy . xN y . xEy . xDy . xLy) =>
(sTs . sNs . sEs . sDs . sLs)

Einführung einer *Stufenrelation* **xR(yRx) :** x **steht in der Relation R**
dazu, *dass* **y in der Relation R steht zu x (Dass-Kalkül).**

$(\neg\, s\, G\, o)\, v\, (\neg\, o\, G\, s)$

Selbstbestimmung :   **sGs => sG(oGs)**
(Das Subjekt bestimmt, *daß* es von seinem Objekt bestimmt wird)
Materialismus :   **oGs <=> oG(sGo)**
(Das Objekt determiniert, *daß* es vom Subjekt determiniert werden kann)

Existenzialismus : **(s)(o) sGS = sG(oG(sGo))**

(x)(y) (xRy . yRx) => (xRx . yRy)

1)   **xRy = [xR(yRx) . x¬R(xRy)]**
     (Ich rechtfertige den, von dem ich gerechtfertigt werde, nicht mich.)

2)   **yRx = yR(xRy)**
     (Ich werde gerechtfertigt von dem, den ich rechtfertige.)

     Also folgt aus 1) und 2) :
3)   **xRy = xR(yR(xRy)) = x¬R(xRy)**
     Gerechtfertigt werden wollen heißt, rechtfertigen zu müssen.
     (Rechtfertigung des Rechtfertigers durch den Gerechtfertigten)

Für Sartre fungiert (A) als eine Form von (R) oder von (D):
xAy => xRy

1) **xAy = [xA(yAx) . x¬A(xAy)]**
(Lieben heißt geliebt werden wollen)

2) **yAx = yA(xAy)**
(Der Geliebte will aber auch nur geliebt werden)

3) *Also folgt aus 1) und 2)* :
(Jeder *soll* lieben und *will* nicht lieben)
4) **xAy = x¬A(yA(xAy))**
(Geliebt werden wollen heißt lieben müssen)

(x)(y) xMx => xM(yMx)
(Ich mache mich selbst, wenn ich mache,
(x)(y) xMy = (yM(xMy) . yMy)   daß du mich machst.)

(x) (x¬M(xMx) . xM(x¬Mx)) =
x¬L(xLx) = x¬N(xNx) = x¬T(xTx)
(Ich erschaffe mich selbst, aber nicht,
daß ich mich selber erschaffe.)

xEy (x enthüllt, erkennt, sieht y) :
irreflexiv, asymmetrisch und intransitiv.

(x)(y) x¬Ey v y¬Ex
(Ich kann nicht den erkennen, der mich erkennt)

(x)(y) xEy => y¬Ex

Die Irreflexivität der Relation E läßt sich mildern: Ich erkenne mich selbst, wenn ich selber der werde, der mich erkennt :

(x)(y) xEy . (y = x) => yEy . x¬Ex

xVy *(x ist verantwortlich für y).*

(x) x¬V(xVx) . xV(x¬Vx) *:* Jeder ist für sich selbst verantwortlich, doch nicht dafür, *daß* er für sich verantwortlich zeichnet, wohl aber dafür, *daß* er nicht für sich verantwortlich zeichnet.

P(x,y) : x ist ein Teil von y   **Time(x,y)** : **x** ist früher als y

(P(x,y) . P(y,x)) = (x = y)
(Was Teil voneinander ist, ist identisch)

Time(x,y) => ¬P(x,y)
(Ungleichzeitiges ist nie Teil voneinander)

(x) (x = x) = Time(x,x)
(Jeder Mensch ist er selbst, wo er sich selbst voraus ist)

B.   ***Entwurf einer log(ist)ischen Analyse***
         von Hegels Dialektikmodellen

M(M,0) : Jede Menge M enthält als Teilmenge, aber nicht als Element, sich selbst und die *Nullmenge 0* (Allmenge der widersprüchlichen Dinge) als Teilmenge. Jeder Begriff ist auch Unterbegriff, doch nicht Einzelobjekt seiner selbst und enthält die Nullklasse aller Widersprüche in sich − logisch wie dialektisch. Wird B(x) als *Begreifen und Beherrschen* gedeutet, folgt:
(x) B(x) => B(B,0)   (Wer alles beherrscht, beherrscht auch, *daß* er alles beherrscht, hört also auf, alles zu beherrschen, und beherrscht auch nichts.)

Abgesonderter Allgemeinbegriff   **AB(x), z.B. Bl(x), B2(x),...**

Übergreifender Allgemeinbegriff
ÜB(AB), z.B. Bl(Bl,x), B2(B2,y),...

45

Axiom : **ÜB (AB, x)** ist stets durch mindestens eine Meta-Stufe von AB getrennt.

These von Hermann Schmitz („Hegels Logik", Bonn 1992) :

Der frühe Hegel kommt aus mit der Grundoperation der Reflexions-dialektik, nach der jede Bestimmung „ihr eigenes Anderes" ist und an sich hat, also ihren eigenen Gegensatz in sich enthält. Seit der „Phänomenologie des Geistes" (1807), wo nicht mehr nur die bewußte Subjektivität auf ihre Objekte trifft, sondern zwei selbst-bewußte Subjekte einander begegnen, kennt Hegel auch einen *solidarischen Vernunftbegriff*, der beide Subjekte, deren jedes ja das Ganze ist, als Drittes noch einmal integrativ ganz umgreift.

Allerdings falle Hegel aus unbekannten Gründen und wider bessere Einsicht später immer wieder auf seine frühere Lieblingsdialektik zurück, jeder Satz sei von sich selbst verschieden und umgreife seinen Gegensatz. Beschränken wir uns auf das einfachste Beispiel, daß nur zwei selbstbewußte Subjekte, die Begriffe Bl und B2, einander theo-retisch erkennen und praktisch anerkennen. (Die jeweilige Meta-Stufe wird angedeutet durch eine vorangestellte Ziffer.)

Früher Hegel : Jedes der besonderen Subjekte B l und B2 begreift als Ganzes sich selbst und das ihm opponierende andere in sich:

Bl : 2B1 (1B1,1B2)

B2: 2B2 (1B2,1B1)

Später Hegel : Eine *Solidarvernunft* (B3) begreift als einzelnes (drittes) Ganzes in sich beide selbstbewußten Subjekte Bl und B2, deren jedes schon ein Ganzes (auch aus beiden Subjekten) gegen das jeweils andere Ganze darstellt, (wie ein einzelnes Allgemein-wesen, z.B. ein Staat *unter* vielen besonderen Staaten und *über* seinen vielen besonderen Bürgern):

B3 : 3B3 [2B1 (1B1,1B2), 2B2 (1B2,1B1)]

(1B1 # 2B1 # 1B2 # 2B2 # 3B3)
(3B3 > {2B1,2B2} > (1B1,1B2))

Ist das große Ganze aus B l und B2 nun B l oder B2
oder **B3 > (B1+B2)** ?

Die „zweipolige Dialektik" *(H. Schmitz)* kennt zwei Meta-Stufen aus
dem Begriff und seinen Objekten, die „dreipolige" drei Meta-Stufen
(Inbegriff von Begriffen der Objekte). Treffen sich zwei selbstbewußte
Individuen, entsteht jedes Subjekt als Begriff von einem fremden Begriff von der Welt.

Relation B *(Begreifen als Beherrschen)* :
reflexiv, transitiv, asymmetrisch.

Axiome :

1)   (x)(y) xBy . yBx => (x = y)
2)   (x)(y) xB(xBy) => xBx . xBy

Adornos „Dialektik der Aufklärung" auf Logisch:

(x)(y) x¬B(xBy)

[Der Mensch von heute beherrsche nicht, *daß* er alles beherrsche.
Er sei auf das Fixieren der Dinge fixiert und von ihrem Beherrschen
beherrscht.]

Theoretiker und Pragmatiker

Gemessen am antiken Denken, verzeichnete die Philosophie des 20. Jahrhunderts wenigstens theoretisch ein gewisses Übermaß an „Praxisbezug". In gelehrten Abhandlungen wurde bevorzugt behandelt, was sich sozial verhandeln ließ, und die „praktische Relevanz" ersetzte weithin eine gut begründbare Aussagenwahrheit. Nützliche Taten und Untaten verkleideten plötzlich die nackten Tatsachen.

Drei Strömungen beherrschten das Jahrhundert. Das *analytische* Denken der angelsächsischen Welt sprach über Wirklichkeit, indem es über wirksamen *Sprachgebrauch* sprach, um performativ etwas Brauchbareres auszurichten. Die *phänomenologische* Methode hatte großen Erfolg nicht als rationale, sondern in „existenzialer" Form. Husserl erschaute noch Wesentliches, Sartre erfand sein Wesen, und die angenommene Vernunft war ersetzt durch geplante Zukunft, also Einsicht durch Absichten, Gedanken durch Gefühle, ein wahrer Satz durch wahren „Einsatz", abstraktes Wissen durch konkreten Willen und blutarmes Lesen durch blutiges Leben. Das *dialektische* Denken schließlich geriet oft nur recht subjektivistisch, wo es wie bei Hegel ídealistisch daherkam, oder aktivistisch, wo es materialistisch wurde wie bei Marx, der Feuerbachs „sinnliches Anschauen" der Materie überbot durch sinnvolles Einhandeln von Materiellem. Die Natur, das ganz Andere, wird nicht mehr nur objektiv erforscht, sondern forsch verändert, bis sie nicht mehr anders ist als der Verändernde. Einmal ist Natur ein bloßer Rohstoff für Geist, dann für Fabriken, und erst wurde sie nur immer betrachtet, nun wird sie nur noch beherrscht.

„Der Pragmatismus dreht sich um die menschlichen Bedürfnisse, und eines der vorrangigsten Bedürfnisse des Menschen besteht darin kein bloßer Pragmatiker zu sein."
(Gilbert Keith Chesterton)

„In einer ehrwürdigen Universität müßte die bloße Erwähnung eines zeitgenössischen Problems verboten sein."
(Nicolas Gomez Davila)

Wer würde denn heute freiwillig Mathematik treiben, wenn sie nicht zufällig notwendig wäre für den technisch- industriellen Fortschritt, aber wer nutzt die Segnungen der industriellen Füllhörner, nicht länger fleißig im Acker wühlen zu müssen, sondern endlich unanwendbare Mathematik treiben zu können? Man sollte nicht ein wenig Mathematik studieren, um viel Geld verdienen zu dürfen, sondern ein wenig Geld verdienen müssen, um viel brotlose Mathematik treiben zu können. Um folgerichtig denken zu können, muß man zum Glück keine mathematische Logik beherrschen, sondern viel folgerichtig nachgedacht haben, um sie am Ende entwickeln zu können, und das wäre ja zu tun. Hegel sprach von Gottes Gedanken *vor* der Schöpfung, von den „diamantenen Netzen" der Logik.

Die zeitgenössischen Lebensideale gelten als so selbstverständlich, dass man schon ganze Jahrhunderte zurückdenken muß, um ihrer zuweilen grotesken Befremdlichkeit überhaupt ansichtig und inne zu werden. Alle Formen dessen, was vor Zeiten einmal *höheres Leben* geheißen hatte, sind nun gründlich desavouiert und diskreditiert. Der Kanadier Charles Taylor zeigte in seinem letzten großen Werk „Ein säkulares Zeitalter", dass die früher bewunderten Höchstleistungen einer aristokratischen Kriegerehre, einer mönchischen Ordensaskese und der gelehrten Elfenbeinturmklausur seit langem als so entwertet lächerlich dastehen, wie auf frühere Zeiten unsere Idole der Extremsportler, Medienstars, Topmanager, Jetset-Playboys und dezentralen Teamwork- Netzwerker gewirkt hätten. Normalverbraucher halten sich im gesetzlichen Rahmen von Produktion und Reproduktion, von verwissenschaftlichtem Arbeitsleben und atheistischem Familienleben. Man zeugt Kinder und erzeugt Waren – oder sorgt dafür, dass beides läuft. Auch Forscher haben hochdotierte Industrieposten oder sind staatsbeamtete Experten, und selbst Künstler wurden subventionierte Konventionsbekämpfer, polyzentrisch dynamisiert.

Alles wird im Konsumdiscount feilgeboten, und alles vielfältig Bunte hat die eine graue Farbe gemeinsam: es ist eine einzige Flucht vor dem einzigen, was doch nottäte, nämlich einsame Dauerversenkung in eine materiell unvergütete Materie, um auf einem geistigen Feld ein echter Spezialist zu werden, ein Meister in einer entlegenen Disziplin der Künste und Wissenschaften. Diese stehen umso niedriger, je näher sie der Lebenswelt gewitzter Zeitgenossen kommen, und haben eine innere Hierarchie, die nicht mehr erkannt und anerkannt zu werden pflegt und gerade deshalb entscheidend ist. *Historiker, Soziologen und Psychologen* z. B. fischen im Trüben von traurigen Wissenschaften über trostlose Gegenstände, obwohl und weil sie unser Alltagsleben dort erfassen, wo es am lautesten und bewegtesten ist, bei Recht und Moral, in Volkswirtschaft und Gastwirtschaften. *Physiker, Chemiker und Biologen* z. B. entfernen sich schon merklich aus allgemeinmenschelnden Sphären und betreten außermenschliche bis außerirdische Zonen der Flora und Fauna, der Steine und Sterne. Eisig, stolz und filigran kristallin wird es aber erst auf den abstrakten und formalen Höhen, dort, wo purer Geist es nur noch mit sich selbst zu tun hat, menschlicher Verstand mit außermenschlichem Intellekt, so auf den Gebieten der reinen Mathematik, Geometrie und formalen Logik. Hier verlassen wir den Sektor der konkreten Anwendungen, der praktischen Realisierbarkeiten und der Kosten-Nutzen-Rechnungen, also unsere brutwarmen Mittelbereiche zwischen Elementarteilchen und Galaxien, die auf andere Weise unmenschlich sind als die blutenden oder blutrünstigen Objekte der vergleichsweise weichen Kultur- und Humanwissenschaften.

„Insofern sich die Sätze der Mathematik auf die Wirklichkeit beziehen, sind sie nicht sicher, und insofern sie sicher sind, beziehen sie sich nicht auf die Wirklichkeit." (*Albert Einstein*: „Mein Weltbild", Berlin 1955, S. 119f.) „Es geht nicht um Wahrheit, sondern um Sicherheit." *(David Hilbert, 1925)*

Der europäische Rationalismus, der sich gnostisch über Leib und Weib, Geld und Welt erhob, hatte seinen ersten Höhepunkt beim pythagoreischen Homoerotiker Platon, der geometrische Idealfiguren im Logos und Kosmos zugleich sah. Pascal teilte seinen *esprit de géométrie* noch mit einem *esprit de finesse*, während der rationalistische Konstruktivismus des 17. Jahrhunderts triumphierte in der Analytischen Geometrie des Descartes, in Spinozas „Ethica more geometrico" und im Infinitesimalkalkül wie in der *mathesis universalis* des Leibniz. Kant vereinte dann den spontan integrierenden Verstand (Leibniz) und die differenzierende

50

Sinnlichkeit (Hume) zur (natur)wissenschaftlichen Erkenntnis. Die notwendigen Antinomien in Kants „transzendentaler Dialektik" machte Hegel zum Widerspruchsgeist seines Systems, das Gedanken panlogisch über Gefühle erhob und sittlich Allgemeines über sinnlich Konkretes (obwohl dieser Logos eher psychologisch als kosmologisch war). Sein Gegner Schopenhauer sah sich als kontemplativ willensfreies „Weltauge" über allem Welttreiben, indem er in platonischen Ideen der Geometrie die ästhetischen Ideen der Kunst sah. Der phänomenologische Mathematiker E. Husserl befreite die apriorische Logik wieder von aller Psychologie und richtete seine platonische *Wesensschau* intentional auf den rationalen Logos der Welt. Whitehead mit seinen leibnizianischen „Fußnoten zu Plato" und der *Cambridge Platonist* Russell begründeten den logischen Positivismus, der in Wittgensteins logischem Atomismus und in R. Carnaps logistisch-physikalistischen Axiomensystemen gipfelte, während dessen Schüler Van Quine die Logik eher pragmatisch (à la Peirce) als platonisch (à la Whitehead) nahm und sie de-apriorisierte zum bloß „härtesten Kern" jedes fallibel zu formulierenden Naturgesetzes. Dieser „Intellektualkultur" entsprach auch der singularistische Nominalist und Empirist seit Locke / Hume und der sensualistische Basisprotokollsatz der Neopositivisten bis zu den Kritischen Rationalisten Popper und Albert.

An Gegenprojekten hatte das 19. Jahrhundert nur die voluntaristischen Supersubjektivisten Fichte, Hegel, Schopenhauer, Nietzsche und das 20. Jahrhundert nach den Lebensphilosophen Dilthey, Bergson, Simmel die Existenzphilosophen Jaspers, Sartre, Heidegger oder die Neomarxisten Bloch, Adorno, Habermas etc. (Noch Niklas Luhmanns Systemtheorie ist „mathesis universalis" ohne spezielle Mathematik.)

Mathematik und Naturwissenschaft sind spätestens seit Descartes und dem Infinitesimalkalkül von Newton und Leibniz eine seither für praktische Fortschritte äußerst fruchtbare Verbindung eingegangen. Löst man aber gut antik die mathematische Physik wieder auf in ihre Bestandteile mathematische Logik und kontemplative Naturpoesie, ergeben sich die beiden Hauptstränge idyllischer Weltbetrachtung noch vor aller (oder nach aller) lebenspraktischen Weltveränderung. Die altgriechischen Philosophiedisziplinen Logik, Physik und Ethik wären heute fortsetzbar als moralistische Zeitsatiren, quiet-magische Naturbukolik und „kulturidyllische" Logistik. Historisch denken heißt auch, zeitgenössische Lebensideale mit den Augen sowohl vergangener als auch künftiger Epochen sehen und relativieren zu können. Diese objektivierende Perspektive distanziert das allzu aufdringlich Aktuelle und immunisiert gegen den zeitgeistigen Konformitätsdruck. Künftige Generationen werden unserer spotten, wie wir früherer Epochen spotten, aber wären wir über ihren Spott erhaben? Die finstere Vergangenheit, die wir verachten, wie sie uns verachtet hätte, kannte nicht uns, die wir auch nicht die lichte Zukunft kennen. Das antike Ideal seliger Schau und unseliger Arbeit erklärt sich nicht nur aus technischem Unvermögen. Asketische Selbstbeherrschung wird überflüssig in Epochen technischer Naturbeherrschung, aber das theoretische Leben bleibt eine ewige Utopie.

Zeitgenössische Denkmethoden

1.

Die Analytische Philosophie des *Logischen Empirismus* und die *ordinary language philosophy* der angelsächsischen Welt zerfasern sich zunehmend pragmatistisch bei Goodman, Putnam und Davidson, eine in immer spezielleren Einzeluntersuchungen ohne nennenswerte Innovationen auslaufende wissenschaftstheoretische Bewegung nach Frege, Russell, Wittgenstein, Carnap und Van Quine. Ihre bundesrepublikanische Übernahme durch den rationalen Rekonstrukteur Stegmüller und den logischen Operationalisten Paul Lorenzen war im weiteren nicht recht inspiriert aufgegriffen worden. – Und die postanalytische Philosophie der „kritischen Rationalisten" Popper bzw. Albert mit ihrem sozialtechnologischen piecemeal-engineering hat seit längerem keine neueren Impulse mehr freigesetzt und scheint fast ausgereizt. Die meist analytischen Wissenschaftstheorien wollten Naturwissenschaftsphilosophie sein und werden doch nur von Geisteswissenschaftlern ernstgenommen, die von Mathematik und Physik allzu wenig verstehen.

2.

Die Phänomenologie des Mathematikers E. Husserl radikalisierte sich in der Folge existenzphilosophisch bei Heidegger, Merleau-Ponty und Sartre oder lief bei Hedwig Conrad-Martius in die quasi-objektivistische Abseitsfalle einer Natur-Ontologie. Heute überlebt die Sachlichkeit der „reduktiven Wesensschau" nur noch zwischen dem affektivistischen Leibessubjektivismus eines Hermann Schmitz und der anti-objektivistischen *Selbstaffektion* eines Michel Henry. – Die monotheistischen Phänomenologien von Scheler, Lévinas und Henry dürften dabei Einzelfälle bleiben, obwohl Husserl selber ein gläubiger Protestant war – allerdings denkbar wenig in seinem eigenen Philosophieren.

3

Die sozial- und ideologiekritischen Impulse überlebten kaum den weltweiten Zusammenbruch der sozialistischen und kommunistischen Regime. Die *Frankfurter Schule* und auch Ernst Blochs Materialutopismus marginalisierten sich spätestens seit 1989. Nur die linksliberale „Diskursphilosophie" eines J. Habermas genießt noch einen Restrespekt im philosophischen Diskurs, obwohl sie schon etwas ratlos mit dem (deutschen) Papst kommunizieren mußte, weil sie den (von ihr wahrscheinlich mitverursachten) moralischen Verbindlichkeitsschwund der moderneren Gesellschaften nicht mehr zu stoppen weiß.
(Hans-Georg Gadamers *Hermeneutik* blieb philosophisch singulär oder bei Heidegger weniger gut aufgehoben.)

4.

Der evolutionistische Radikalkonstruktivismus von Foerster, Maturana e. a. scheint sich im Niemandsland zwischen selbstreferentieller Hirnphysiologie und selbstexplikativer Transzendentalphilosophie zu verlaufen und kann dort die erkenntnistheoretischen Fragestellungen nur biologistisch bzw. systemtheoretisch verkürzt rekonstruieren wollen.

5.

Die neokonservativen Kulturphilosophen von Cassirer und Ritter bis zu Lübbe, Spaemann, Marquard und Blumenberg finden als methodische Individualisten kaum weiterführende Nachfolger. Der "Transzendentalbelletrist" Odo Marquard mag der „geistreichste Philosoph" *(Johannes Gross)* sein, aber allein der *Metaphorologe* Hans Blumenberg reicht noch an die Reflexionssubtilitäten Theodor Adornos heran : Zwei assimilierte Atheisten und Valéry-Bewunderer, die leider nicht miteinander diskutiert haben.

6.

Die "dekonstruktivistische Postmoderne" beschränkt sich fast ausschließlich auf Frankreich : Deleuze und Derrida, Lacan und Lyotard, Foucault und Baudrillard. Dieser *Poststrukturalismus* gegen den vermeintlich allgegenwärtigen „Logozentrismus" steht und fällt wohl mit seinen extravaganten Wortführern und war am

Ende eine französische Adaption deutscher Irrationalisten wie Nietzsche und Heidegger, die man besser gleich im Original lesen sollte. – Diese pluralistisch angelegten Denkmotive haben sich bereits in den Achtzigerjahren monoman erschöpft. Daran änderte nur sehr wenig der deutsche Reimport einer rundum ästhetisierten Pseudo-Rationalität bei Wolfgang Welsch. Einzeldenker, so wertvolle Beiträge sie auch geliefert und so interessante Akzente sie auch gesetzt haben mögen, bleiben hier unberücksichtigt, wenn sie wenig wirkmächtige Schulbildungen initiiert haben. Kurz : Ist eine philosophische Bewegung bereits mit dem Gesamtwerk ihrer frühen Gründungsväter oder ihrer Hauptvertreter erschöpfend abgeschlossen, oder geht es nach deren Tod erst richtig los mit dem Erschließen neuer Bereiche durch die neuartigen Methoden in eigenständig inspirierten Köpfen? Ist mit dieser inaugurierten Methode noch Relevantes zu tun übrig für intelligente Nachfolger oder nur geistlos mechanische Nutzanwendungen zur Doktorandenproduktion? – Die sechs hier aufgezählten Grundrichtungen wenigstens erscheinen wie fast erschöpfte Paradigmen, die allein noch wissenschaftlichen Normalbetrieb erlauben, ohne aussichtsreichere und vielversprechendere neue Konzeptpotentiale sichtbar zu machen. Ihre Schöpfer haben die volle Kapazität der methodischen Innovationen schon zu Lebzeiten so gut wie selber erschöpft.

Bei einigen Richtungen erstaunt aber, wie früh und wie schnell, gemessen an dem damit ursprünglich doch verbundenen Erwartungsüberschwang, die zukunftsträchtigen Entwicklungschancen sich verbraucht zu haben scheinen, wie z. B. bei der logi(sti)schen Analyse philosophischer Gedanken oder bei einer kongenialen Fortführung von Adornos und Blumenbergs Reflexionsniveau, das mit deren Personen unterging, wie auch Hegel das Geheimnis seiner dialektischen Virtuosität mit ins Grab nahm. Niemand hat auf dem Niveau Hegels, Adornos und Blumenbergs weitermachen können, aber abgesehen von Goodman 1951 hat auch niemand Carnaps großen „Logischen Aufbau der Welt" von 1928 jemals nennenswert weiterentwickelt.

Preis auf meinen Nichtexistenzbeweis?

Für jedes Objekt und Ereignis der Welt gibt es prinzipiell, wie Mathematiker zeigen, eine endlich große (also niemals unendlich kleine) Wahrscheinlichkeit. – Also existiert auch diese endliche Wahrscheinlichkeit einer Nichtexistenz z.B. von Bielefeld wirklich und wahrhaftig; ein jeder Mathematiker wird uns das bestätigen.

Eine solche "statistische" Wahrscheinlichkeit, wenn auch noch so klein, ersetzte in den Naturwissenschaften (seit Entdeckung der Quantenmechanik) den alten Begriff der "absoluten Wahrheit", wie uns jeder Physiker heutzutage bestätigen wird. Diese statistische Wahrscheinlichkeit für z. B. meine Nichtexistenz ist laut Wissenschaftstheoretiker Karl Popper nicht "verifizierbar", aber bislang auch nicht "falsifizierbar", was nach den heute anerkannten Standards geprüfter wissenschaftlicher Behauptungen ja ausreicht, um als gültig zu gelten. Es genügt, dass meine reale Existenz nicht mit hundertprozentiger (also unendlich großer) Wahrscheinlichkeit beweisbar ist – auch nicht per Augenschein, durch beliebig viele induktive Beobachtungen und positivistische Protokollsätze. Auch Ihre Nichtexistenz hat nicht die Wahrscheinlichkeit Null. Nur unendlich viele, also unmögliche empirische Bestätigungen könnten Ihre Existenz wirklich induktiv beweisen, aber nur ein einziger gegenteiliger Beleg (wie dieser hier) reicht schon aus zur Widerlegung. Damit aber ist die Beweislast umgedreht : Um das in einem Wettbewerb ausgelobte Preisgeld vor mir zu retten, hätten Sie zu beweisen, dass mein logischer Beweis dafür ungültig ist, dass z.B. Ihre Nichtexistenz niemals die Wahrscheinlichkeit Null hat.
Das jedoch ist unbeweisbar. Was zu beweisen war.

Kurzum : Ein jedes existiert nicht, weil und solange seine Existenz streng unbeweisbar ist.

Anhang

Ist laut dem anerkannten US-Kosmologen *Max Tegmark* das All nur reine Mathematik, also letztlich nichts als eine logische Struktur, die uns nur aus unserem perspektivischen Ort darin kompakt materiell erscheint, dann genügt es, die mögliche Notwendigkeit (und notwendige Möglichkeit) eines *ens perfectissimum* formallogisch herzuleiten, um Seine Existenz im logischen Raum zu beweisen, als Gedanke des Schöpfers *vor* der Schöpfung "in allen möglichen Welten" (Leibniz) – also die menschliche Idee von etwas, das mehr und anders ist als nur eine menschliche Idee : das Objektive schlechthin jenseits aller bloßen Simulationen und subjektiven Projektionen.

Auch Sein menschliches Ebenbild beweist sich dann selbst im Kopf seine eigene Existenz, bevor es seine Welt im Ganzen erschafft, in der es so real existiert wie außerhalb in reiner Logik – ob es nun potential-unendlich viele *Paralleluniversen* in einem *Multiversum* gibt oder nur meine Projektionen dreidimensionaler Welthologramme auf zweidimensionale Flächen oder (in der "M-Theory of everything") nur clfdimensionale *Stringuniversen*, die aus *Singularitäten* mit *Plancklänge* eine *Dunkle Materie* (95 % der gravitierenden All-Masse) mit der inflationären Expansionskraft der *Dunklen Energie* ("Quintessenz") aufblähen bis zum *Big Rip* – oder *Big Crunch*.

Nichts ist schneller als das Licht – nur das Nichts selber, das aus zufälligen *Vakuumfluktuationen* von *"Quantenschaum"* besteht, aus denen das "inflationäre" Universum asymmetrisch entstanden sein soll, will man Stephan Hawking und anderen Kosmologen Glauben schenken.

David Hume : "We never advance one step beyond ourselves" ?

Oder sind Behauptungen doch induktiv verifizierbar?

Beispiel für *paradoxen* Schein, der etwa die Logik des Aphorismus in logischer Logikkritik auszeichnet. Und *Paradoxa* sind die aphoristischen Königsdisziplinen.

(Notation nach *Peano-Russell-Hilbert*) :
⌐ p : **Negation** von p : Np
p & q : **Konjunktion**
p v q : **Adjunktion** (nichtausschließendes ´p oder q´)
Implikation, Subjunktion *(hinreichende Bedingung)* :
p → q : wenn p, dann q : aus p folgt q
Äquivalenz : p ≡ q : (p → q .&. q → p)
Generalisator   (x) Y : für alle x gilt Y
Partikularisator   (Ex) Y : es gibt wenigstens *ein* x, für das gilt Y

Paradoxon der Implikation :
p → (q → p) .&. ⌐p → (p → q)

Reduktion ad absurdum :
(p → ⌐p) → ⌐p .&. (p & ⌐p) → ⌐p

Ist nicht nur ein deduktiver, sondern auch ein **induktiver Schluß** doch ein logischer *Wahrheitsbeweis*? Schon wenn mindestens *ein* einziger Fall x eine Funktion f erfüllt, die eine Aussage p *ohne diesen Fall x* impliziert, erfüllen auch *alle* denkbaren Fälle x diese Funktion f   :

E∑xCfxpC∏xfxp   *(Notation von Lukasiewicz)*

Bei p ≡ (x)p gilt :

(Ex) fx .→. p   ≡

⌐ (Ex) fx .v. p   ≡

(x) ⌐ fx .v. (x)p   ≡

(x) . ⌐ fx v p   ≡

(x) . fx → p

Also gilt :

(Ex) fx .→. p :≡: (x) . fx → p

q. e. d.

Ist eine jede These also bereits durch einen einzigen Beleg nicht nur *falsifizierbar*, sondern auch vollständig *verifizierbar*, und wird eine Funktion – paradox oder sophistisch – durch alles erfüllt, falls sie nur durch überhaupt etwas erfüllt wird?

Zur Logik der Philosophiegeschichte
Von Metaphysik zu Metasprachen

Die Monadologie von **Leibniz** ist der letzte universelle Versuch, die Aporien des Ein und Alles zu überwinden, ohne dem subjektiven Part das Monopol zu reservieren für die Repräsentanz des Ganzen. Leibniz zitiert Gott herbei, um überhaupt noch die 'prästabilierte Harmonie', den gesetzmäßigen Nexus aller solipsistischen Individualitäten, zu garantieren. Jede Monade reflektiere jede andere durch Perzeption und Apperzeption, sie reflektiere, wie jede Monade jede andere reflektiere. Und wenn jede Monade die wechselweise Reflexion aller übrigen Mitmonaden reflektiert, ist jede außerhalb des Universums aller anderen Monaden. Jede Monade liegt bei Leibniz gleichsam innerhalb dieses Außerhalb, sie ist exterritorial, sofern sie Inbegriff aller Ko-monaden ist. Jede Monade ist Einwohnerin desselben Jenseits ihrer selbst, und sie ist 'fensterlos', weil keine auf eine andere einwirken kann, sofern jede als Repräsentantin des Restes der Welt jenseits der repräsentierten Welt steht, durch den Abgrund einer logischen Meta-Stufe von der Summe aller übrigen Monaden getrennt. Da jede Monade sowohl Teil der Welt als auch Inbegriff der Welt aller Monaden ist, muß sie gerade als Bild des Ganzen ein Bestandteil des Ganzen sein und gerade Rädchen im Ganzen als Spiegel des Ganzen. Jede Monade spiegelt sich als Atom des Kosmos und als Kosmos zugleich : Sie spiegelt, daß sie sich spiegelt beim Spiegeln der Welt.

Was sie alle voneinander trennt, ist ja keine geheimnisvolle Zersplitterung der Welt in pluralistische Divergenzen, sondern der meta-physikalische Charakter jeder Monade in Bezug auf das

Weltall aller übrigen Monaden. Es gibt kein 'Fenster' zwischen den Meta-Ebenen; jede Monade kann, abhängig von der Perspektive ihrer Stellung zu den anderen Monaden, die logische Stufe nullter oder erster oder weiterer Ordnung annehmen.

Sie ist Individuum, Begriff, Inbegriff von Begriffen etc. zugleich, je nach Perspektive, aber nie innerhalb ein und derselben Hinsicht. Die spiegelnde Monade bleibt von gleicher Seinsart wie die gespiegelte, jede ist spiegelnd und gespiegelt zugleich. Aber es macht einen großen Unterschied, ob die Monade sich selbst spiegelt als Monade unter anderen Monaden oder in ihrer Funktion, sich selbst samt allen Monaden zu spiegeln. Als *vis prima et activa* voller *appetitus* und *nexus* ist sie Spiegel aller Spiegel und Spiegel unter Spiegeln gleichzeitig. Gott ist die Idee der vollendeten Klarheit, die Reflexion aller Reflexionen.

Nach **Kants** berühmtem Grundsatz sind die Bedingungen der Möglichkeit meiner Erfahrung zugleich auch immer die Ermöglichungsbedingungen für die Gegenstände dieser Erfahrung selbst. Ich kann nichts erfahren, ohne die Gegenständlichkeit des Erfahrbaren erst selbst herzustellen, aber nicht den Erfahrungsgegenstand selbst. Das transzendentale Ich bei Kant konstituiert nicht sein empirisches Objekt, aber dessen Objektivität.

Sätze, die nicht nur etwas über mich selbst aussagen, sondern über andere und über anderes, schon bevor ich das alles außerhalb von mir erblicke, also meine ‚synthetischen Urteile a priori‘ über das, was ich nicht selbst bin, solche Urteile über die Welt vor aller sinnlichen Erfahrung mit ihr, sind nur möglich nach Kant, weil ich es bin (das Ich, das ich mit anderen übrigens anthropologisch gemeinsam habe), der zwar nicht die Erfahrungsgegenstände aus dem Nichts schafft wie ein Gott, wohl aber die Form ihrer Gegenständlichkeit selbst, synthetisch hergestellt aus chaotischen Sinnesreizen.

Nach *Vico* erkennen wir nur das eigentlich ganz, was wir selbst geschaffen haben und soweit wir es selbst geschaffen haben. Laut Kant erkennt das Subjekt sein Objekt nicht viel anders, als ein Handwerker, wie Kants Vorfahre es war, sein Material bearbeitet. Dieser Handwerker bringt das Werk hervor, die Schaffung des Rohstoffs selbst überläßt er seinem Schöpfer. Was er dem von Gott geschaffenen Rohstoff hinzufügt, sind die ebenfalls von Gott geschaffenen Formen, in die er den Rohstoff durch seine Bearbeitung erst bringt — als Geschöpf Gottes.

Er formt das Material nach einem vorgefaßten Bild in seinem Kopf, aber dieses Bild selber hat er nicht selbst gebildet und die Form nicht geformt. Der Arbeiter macht das Auto, aber nicht den Kunststoff und das Metall selbst, wenigstens nicht die Roh-Erze.

Der Arbeiter kauft das Auto, das er produziert, wie das Subjekt sich vom Objekt 'affizieren' läßt, dessen Objektivität ihm entstammt. Kant macht klar, daß gerade seine vollendete Herrschaft über die von ihm produzierte Welt den Menschen von dieser Welt kategorial ausschließt, nicht anders als das Kunstwerk sich von seinem Schöpfer löst und, einmal aus seiner Innerlichkeit entlassen, ihm von außen begegnet. Auch dem Arbeiter ist ja das Fertigprodukt 'entfremdet', weil ihm weder die Rohstoffe noch die Produktionsmittel und Fertigungspläne gehören. Durch die Macht der Subjektivität über die Welt ist das Subjekt von der Welt getrennt wie die *res cogitans* von der *res extensa* bei Descartes. Die Welt so zu sehen, wie sie an sich selbst sein mag, wie sie also aussieht, wenn sie nicht angesehen wird, setzt das Opfer der Augen voraus, und wenn ich sie nicht sehe, wie sie ohne meinen Blick mich anblickt, dann deshalb, weil ich nicht bin wie sie. Und ich sehe ja die Welt nach Kant auch durch keine Brille (weil ich selbst diese Brille bin, die kein Teil jener Welt ist, die ich durch sie hindurch wahrnehme).

Ein passiver Wachsabdruck der Welt sein, ohne alle subjektive Zutat des Betrachters mich unendlich fügsam all ihren launisch beweglichen Kurven und Kanten anschmiegen, hieße mit ihr verschmelzen und Teil von ihr werden, ohne sie zu sehen, sei's richtig, sei's falsch.

Indem ich mich nach einer Welt richte, die ich aller Erfahrung zuvor immer schon auf mich zu- und abgerichtet und diese Dressur eben immer nur vergessen haben muß, bin ich mit mir allein, beschränkt auf meine schrankenlose Herrschaft über die erfahrbare Welt.

Das intelligible Ich ist wohl Bedingung der Möglichkeit aller Erfahrung und aller Erfahrungsgegenstände, aber es ist nicht Bedingung der Möglichkeit dafür, Bedingung dieser Möglichkeit zu sein. Es hat gar keine Macht über seine Macht über die Gegenständlichkeit der Erfahrungsgegenstände: Es ist nicht Bedingung der Möglichkeit seiner eigenen Intelligibilität und Transzendentalität.

Dem empirischen Ich ist sein sinnliches Material, dem intelligiblen Ich seine eigene Subjektivität vorgegeben. Meine Autonomie gegenüber der von mir bestimmten Welt ist mir selbst gleichsam heteronom: Ich bestimme alle Gegenstände meiner Erfahrung, nicht aber, *daß* ich ihre Gegenständlichkeit bestimme. Was mit der Subjektivität zur Welt hinzutritt, ist kein aparter Weltbestandteil unter anderen, sondern die Ganzheit des Ganzen oder ihre Einheit *als* Einzelheit. Die Einheit der Teile ist selbst eine Einzelheit, die als Bestandteil in höhere Einheiten eingehen kann, nicht aber in jene Ganzheit, deren Ganzheit sie ist. Die Einheit eines Ganzen ist mit diesem Ganzen noch nicht mitgegeben. − Was mich von der Erkenntnis der Dinge trennt, wie sie an sich sein mögen, ist dasselbe, was mein Sein von ihrem Sein insgesamt trennt. Meine Subjektivität wäre kein Graben zwischen mir und den Dingen, wenn sie selbst ein Ding unter Dingen wäre; als Ding unter anderen aber wäre sie keine Erkenntnis der Dinge im Ganzen. Ausgeschlossen von den Dingen an sich im Ganzen bin ich nur als möglicher Inbegriff des Ganzen: transzendentale Dialektik des ganz Unbedingten.

Wenn meine Subjektivität ein Ding unter Dingen wäre, müßte sie kein Graben sein, der mich von den Dingen trennt. Die Freiheit ist das Ausgeschlossensein jenes Teils des Ganzen, welches das Ganze erkennt, von diesem Ganzen. Die Einheit aller Einzelheiten ist keine Einzelheit unter all diesen Einzelheiten, sondern bestenfalls Einzelheit für eine nächsthöhere Einheit, und die Einzelheiten sind nicht die Einheit ihrer selbst, sondern die Allgem-Einheit nächstniedrigerer Einzelheiten, also von Einzelheiten der logisch niedrigeren Stufe. Wenn das 'Ding an sich' bei Kant unerkennbar ist, dann deshalb, weil das Ich, wenn es die Gesamtheit aller Phänomene potentiell erkennt, auch wohl sich selbst als empirisch zugängliches Phänomen unter Phänomenen erkennt, aber nie denjenigen, der die phänomenale Welt im Ganzen erkennt und setzt. Die Welt als Seiendes im Ganzen ist mögliches Phänomen fürs Ego, nicht aber, *daß* sie sein Phänomen ist. Gegenstand seiner Erfahrung ist dem Ich sein eigenes phänomenales Vorkommen in der Welt, aber nicht seine Transzendentalität und Apriorität selbst. Intelligibel ist ihm potentiell alles, nur nicht seine eigene Intelligibilität.

Das Ich ist 'Bürger', und es ist bei Kant „Bürger zweier Welten", es ist Atom und Gemeinschaft. (Bei Kant ist das Atom bestimmt durch die Gemeinschaft der Atome und die Gemeinschaft bestimmt durch die Atome.) Es ist gleichsam Bestandteil der proletarischen Welt mit ihrer durchgängigen Verkettung aller Glieder, und es ist Mitglied der bürgerlichen Welt mit ihrer 'Causalität aus Freiheit', jederzeit immer auch diese Kette zerreißen und einen neuen Anfang machen zu können.

Wenn der Proletarier für den freien Bürger sowohl ein Phänomen ist wie ein unerkennbares Ding an sich, dann deshalb, weil er die Freiheit hat, seinerseits einen Blick auf den Bürger zurückzuwerfen und ihn zu erkennen bei seinen erkennungsdienstlichen Aktivitäten. Der Proletarier *ist* für den Bürger jenes Sinnesmaterial, das er für ihn bearbeitet. Er wird geformt zu einem durchschaubaren Gegenstand nach Kategorien der Verfügungsgewalt. – Aber er ist nicht nur eine Erscheinung für den Bürger, sondern ein Ding an sich: die Freiheit der praktischen Vernunft, nicht nur Objekt und Mittel zu sein, sondern immer auch Subjekt und Selbstzweck, der ein Subjekt zum Objekt macht und einen Zweck zu seinem bloßen Mittel, ihn zu überschreiten. Der Prolet hört nicht auf, Subjekt zu sein, wenn er Objekt ist. Er ist eine objektivierte Subjektivität : Teil der Welt des Bürgers und Fähigkeit zugleich, diese Welt gerade dabei zum bloßen Teil seiner eigenen Welt zu machen.

In **Fichte** kommt jener Kant zu sich selbst, der so frei ist von der Welt, sie zu konstituieren. Sie erhält nun eine konstitutionelle Verfassung vom menschlichen Grundgesetzgeber. – Weitergetrieben findet sich hier die Dialektik des objektiven Ganzen und jenes subjektiven Teils vom Ganzen, welcher das Ganze erst 'produziert' und in die Welt 'setzt'.

Der Rheinfall bei Schaffhausen sei überwältigend, gab Fichte zu, aber es sei das Ich, welches diese Überwältigung erst verursache, ein Ich, durch das der Rheinfall überhaupt erst das Ich überwältigen könne.

Dieses Ich ist wie bei Kant 'das transzendentale Ich der reinen Apperzeption, das alle meine Vorstellungen muß begleiten können', um verschiedene Vorstellungen von ein und demselben Gegenstand zu sein. Das Ich setze sich selbst als Ich, indem es das Nicht-Ich im Ganzen setze, und es setze das Nicht-Ich, indem es sich selbst in die

Welt setze als dieses Ich. Es ist nichts vor diesem Akt, jenseits dieses Aktes und unabhängig von diesem Akt, das Nicht-Ich in die Welt zu setzen.

Das Ich setzt bei Fichte sich selbst, indem es die Welt setzt, und diese Welt setzt es in die Welt, indem es sich selbst voraussetzt. Dieses Sich-selbst ist nun zum einen ein Stück Welt unter anderem und zum anderen das Ich, das die Welt im Ganzen setzt samt dem Ich darin. Die Exterritorialität des setzenden Ich gegenüber der von ihm in die Welt gesetzten Welt ist hier bis zur Spitze einer Freiheit des Ich vom (Nicht-)Ich getrieben.

Genauer — das intelligible Ich ist frei von der gegenseitigen Beeinflussung des empirischen Ich und des empirischen Nicht-Ich : Es mache diese Wechselwirkung erst möglich, es sei die Bedingung dafür, daß die praktische Vernunft die Natur ebenso bestimme, wie die theoretische Vernunft von derselben Natur sich bestimmen lasse. Das Ich sei frei, weil es in die Welt setze, *daß* das Ich und das Nicht-Ich sich gegenseitig in die Welt setzen können. Bei Fichte setzt das Ich, *daß* es in die Welt gesetzt wird, es macht sich wie Sartre später für seine eigene Geburt verantwortlich. − Die Trennung des transzendentalen vom empirischen Ich ist hier so perfekt, daß das empirische Ich fast schon eher zum empirischen Nicht-Ich gehört. Dieses transzendentale Ich ist durch mindestens eine Meta-Stufe getrennt vom (Nicht-)Ich, das es setzt. Nur das empirische Ich ist vom Nicht-Ich determiniert, das transzendentale Ego bestimmt selbst, daß es strikt empirisch bestimmt sein könnte. Diese 'Ichheit' ist bei Fichte Urheber dafür, daß Tatsachen Ursachen anderer Tatsachen werden. Als Ursache aller Ur- und Tatsachen sei sie selbst keine Tatsache, sondern eine 'freie Tathandlung'. Diese Faktizität des *Ego cogito* bestehe darin, kein Faktum unter anderem zu sein, um alles Tatsächliche erst als Artefakt des Ego phänomenal aufscheinen lassen zu können.

Schon bei Kant hatte das psychologische Ich samt seinen Eigenschaften und Zuständen eher zur phänomenalen Außenwelt als zum intelligiblen Ich gehört: Wir sehen uns selbst nicht anders als jedes Stück Welt im Lichte von Kategorien, von Anschauungsformen und Ideen. Ich sei mir selbst nicht auf privilegierte Weise offenbar. Das Ich ist für Fichte freigesetzt und freigestellt *von* der Welt, um *für* das Setzen der Welt frei zu sein, — und nur, weil es nicht in die Welt gesetzt ist, kann es sie in diese Welt setzen. Genauer: Das Ich setzt in die Welt, *daß* es in die Welt gesetzt wird. Das Einzige, was an der Welt transzendent ist, sei das transzendentale Ich. Es setzt die Welt: Es setzt sich selbst als Teil der Welt und es setzt in die Welt, *daß* es alles in die Welt setzt samt dem empirischen Ich darin. Dieser Triumph der narzisstischen Allmachtsphantasie ist die Kehrseite der realen Ohnmacht des empirischen Ich inmitten einer Welt von empirischem Nicht-Ich. Man könnte sogar einen Schritt weitergehen und sagen, bei Fichte sei das empirische Ich vom transzendentalen nur abgehoben, um mit ihm zusammenzufallen : Gerade als vom Nicht-Ich zutiefst bestimmtes erwacht es zu seiner Selbstbestimmung und bestimmt die Welt. Es kann aber die Welt nur in die Welt setzen samt seiner eigenen empirischen Existenz darin, wenn es determinierter Bestandteil und Produkt der Welt ist. Als Produzent ist das Ich Produkt der Welt, und Weltproduzent ist es ja nur, sofern es Weltprodukt ist.

In **Schelling** kommt jener Fichte zu sich, der dem *Ego cogito*, der Ursache aller Tatsache, jede eigene Tatsächlichkeit abspricht. Die Tat ist bei Fichte so wenig eine Tatsache wie das Faktum eine Tathandlung. Auch bei Fichte ist das transzendentale Ich nicht transzendent zu der von ihm getätigten und produzierten Welt, sondern nichts als die apriorische Bedingung der Möglichkeit jedes innerweltlichen Nicht-Ich, aber er schüttet das Menschenkind mit dem Bad der Diana aus, wenn er das Ich, das die Welt bildet, und seine eigene empirische Faktizität wie ein Stück Nicht-Ich dort hineinversetzt, eben nicht selbst zur konstituierten Welt gehören lassen kann. Indem die Welt als Nicht- Ich definiert ist, kann das Ich, das intelligible *Ego cogito*, nicht mehr Teil der Welt sein. Fichte hat Recht, wenn er den Graben zwischen Subjekt und Objekt so ernst nimmt wie Descartes. Aber er nimmt ihn so ernst, daß er nur von einem Subjekt überwunden werden kann, welches so angesetzt und konzipiert ist, daß es schon in sich sein eigenes Gegenteil aus sich heraussetzt und voraussetzt. Das Ich produziert gerade als Ich sein Gegenteil, und es ist für Fichte nichts als diese Produktion dessen, was es nicht ist. Die Differenz von empirischem Ich und empirischem Nicht-Ich *ist* das transzendentale Ich selbst, ob nun das Ich das Nicht-Ich oder dieses jenes faktisch determiniert. So behält es Macht über das, womit es sich befleckt, und muß sich mit dem beflecken, worüber es Macht gewinnt. Schelling nun ist der erste und einzige der Idealisten, durch den Idealismus sich anschickt, sich durch sich aufzuheben. Als Idealist ist Schelling so etwas wie ein Materialist malgré lui mème. Die idealistische Vernunft entdeckt erst bei Schelling sich selbst als das einzige Faktum, das sie nicht in Vernunft auflöst, weil sie kein Faktum ist, sofern sie die Vernunft aller Fakten ist. Alles ist potentiell vernünftig, außer der Vernunft selbst. Alles ist geistig bestimmt, nur der Geist selbst nicht, aber das macht ihn nicht zu einem Stück Natur unter anderem. *Daß* es Vernunft gibt, *daß* alles vernünftig zugeht, wenn es vernünftig zugeht, sei irrational, ein irrationales Faktum. Dieses materialistische Motiv einer Ähnlichkeit des Geistes mit der von ihm bestimmten Natur nimmt beim späten Schelling neomythische Züge an. Zur zweiten Natur geworden, verfällt der Geist wieder der Natur, der er sich entrungen hatte. Man sieht, daß nicht nur durch seine ästhetische Theorie, sondern auch durch seine Aufklärungsdialektik Schelling schon einige Grundgedanken Adornos präfiguriert. Dabei verwechselt Schelling durchaus nicht die erste Natur mit der zur zweiten Natur gewordenen Kulturarbeit an ihr. Die Kultivierung der Natur ist für Schelling zur zweiten Natur geworden, nicht wieder zur ersten, und das macht die Vernunft aller Fakten nicht zu einem beliebigen Faktum unter anderen, sondern zu einer Tatsächlichkeit zweiter 'Potenz'.

Symmetrisch dazu stellt die Natur dann aber auch sich nicht als ein Geist im Sinne eines spirituellen und spiritistischen Gespenstes dar, sondern als ein Stück zweiter Kultur, wenn man so will, die erst frei wird, wenn die Vernunft selbst vernünftig wird, statt nur ein Stück geistiger Verdauungstrakt zu sein. Und um den Geist nicht zu einem Stück roher Natur und Naturbeherrschung zu machen, enthüllt er in der Natur lieber das Stück Geist, das mehr und anderes ist als bloß allzu natürliche Macht über andere Stücke Natur. Der Geist in der Natur ist nicht der Geist der Naturbeherrschung, aber auch nicht der Ungeist der Naturherrschaft über den Menschen. Er ist das genau so wenig, wie die Faktizität des Geistes eine blinde Tatsache unter anderen ist. Diese Natur bei Schelling ist, wie bemerkt, eher Spinozas *natura naturans* als die cartesianische *natura naturata*. *Daß* der Geist die Natur bestimmt, ist kein physikalisches Faktum, sondern zur zweiten Natur geworden : Er bestimmt die Tatsachen, aber nicht die Tatsache, daß er alle Tatsachen bestimmt. Durch dieses Faktum zweiter Potenz ist er erst als Geist bestimmt. Und kausal determiniert die Natur den Geist in allen Funktionen : Nur *daß* die Natur den Geist kausal determiniert, das bestimmt nicht die Natur selbst, sondern eben der Geist.

In **Hegel** kommt jener Kant zu sich selbst, der in die Spannung zwischen Fichte und Schelling trieb. Hegel wollte beide Motive durcheinander vermitteln und ineinander *aufheben*, sowohl die von Fichte akzentuierte Autonomie des *Ego cogito* wie die von Schelling wiederentdeckte Heteronomie, eine Heteronomie nicht innerhalb der Welt wie bekannt, sondern im Herzen der subjektiven Autonomie selbst. Diese diskrepanten Motive werden für Hegel zu 'bloßen Momenten der Wahrheit' als eines Prozesses durch diese

Extreme hindurch und nicht kompromißhaft über sie hinweg oder gar integrativ an ihnen vorbei. Wie läßt sich das *mater*ialistische Motiv Schellings in Fichtes absolutem Idealismus unterbringen, ohne ihn spinozistisch zu überanstrengen, und wie ist Fichte zu retten, ohne Schellings Entdeckung wieder preiszugeben, daß der Geist selbst ein Stück Natur ist — von höherer Ordnung als die Natur, deren Geist er ist?

Hegel bringt das Kunststück fertig, das materialistische und realistische Motiv so weit in den Idealismus hineinzunehmen, daß er noch idealistischer wird, als er bei Fichte schon war. Die Materie ist nicht mehr bloß Material der Pflicht, sondern ein Moment der Pflichterfüllung selbst. Bei Hegel sprengt Schellings Materialismus noch nicht den Idealismus und die idealistische Identitätsphilosophie Fichtes.

Wenn die Welt ein Konstrukt oder eine Entwicklungsphase der Vernunft ist, dann kann die Vernunft kein Produkt der Welt sein. Wie Schelling findet auch Hegel, daß alles Wirkliche vernünftig ist, außer der Vernunft selbst. Wenn aber wie bei Fichte alle Fakten rationale Artefakte sind und wie bei Schelling die Vernunft selbst das unvernünftige Faktum ist, alle Fakten vernünftig zu machen und vernünftige Normen zu Fakten, dann deshalb, weil das Faktische und das Rationale eben eins seien. Genauer : Ihre Einheit und ihr Unterschied seien eins. Wenn nach Fichte alles Nicht-Ich ein Teil des absoluten Ich ist und nach Schelling dieses Ich am Nicht-Ich teilhat durch das irrationale 'Daß der Vernunft', dann folgt für Hegel, daß Ich und Nicht-Ich gerade identisch sein müssen in ihrer Differenz und verschieden nur in ihrer Einheit.

Das Ich produziert die Welt, also auch sich selbst als Teil der Welt *und* als Weltproduzent zugleich. Besonders gilt das weniger vom Bürger als vom Arbeiter. Aber der Produzent gehört nicht zu seinem Arbeitsmaterial und zur Welt seiner Arbeitsprodukte, wie sehr Hegel auch betont, daß der Mensch sich wie seine Welt in der Arbeit erst selbst erzeuge und die 'Anstrengung des Begriffs' diese Arbeit nur reflektiere. Genauer : Der Bürger reflektiert, daß der Proletarier seine Welt erarbeitet. In Wirklichkeit ist diese onto-logische Differenz von Begriff und Handgreiflichkeit also Klassen-differenz und als Klassendifferenz sozio-logisch realisiert und mate-rialisiert. Der Prolet wird vom Bürger begriffen, er begreift sich selbst nicht und den Bürger erst recht nicht.

Der Produzent setzt sich selbst, indem er die Welt produziert, und die Welt stellt er her, indem er sich selbst herstellt, als Weltprodukt und Weltproduzent zugleich. Das empirische Weltprodukt Ich ist logisch nicht identisch mit dem transzendentalen und dem intelligi-blen Weltproduzent ICH. Nun ist selbst das 'Ding an sich' im Iden-titätssystem des Ich untergegangen, weil der Produzent selbst zum Ding an sich verdinglicht ist. Die unbedingte Bedingung der Möglichkeit aller Dinge ist selbst ein Ding unter anderen: Der Be-griff habe die Realität erst ganz begriffen, wenn er sich ganz reali-siert habe, und er verwirkliche sich erst ganz als Begriff, indem er die Realität ganz begreife. Die Realität, an welcher der Begriff teil-hat, wenn er sich realisiert als Begriff-von-etwas, ist für Hegel dieselbe wie jene, die er als ganze begreift.

Der abstrakte Geist werde konkreter Teil der Wirklichkeit gerade dadurch, daß er der Inbegriff aller Wirklichkeit wird und umgekehrt. Der Begriff habe teil an der Wirklichkeit, wenn diese am Begriff teilnehme, und die Realität sei begriffen, wenn der Begriff sich realisiert habe. Wenn der Begriff das Ganze begreift, muß er auch begreifen, daß und wie er es begreift. Aber der Begriff vom Begriff, der sich begreift, indem er das große Ganze begreift, und die Welt erfaßt, indem er sich selbst erfaßt, ist zweideutig, und Hegel ist die-ser Zweideutigkeit nicht immer entgangen. Er will nicht wahrhaben, daß jeder Begriff, der aufs Ganze geht, außerhalb dieses Ganzen bleibt und es um etwas ergänzt, was zusammen mit dem Ganzen nun ein noch größeres Ganzes bildet, welches seinerseits zu begreifen ist. Der Inbegriff des Ganzen ist Teil eines anderen Ganzen als jenes Ganzen, das er begreift. 'Das Ganze ist das Wahre' ist unwahr, weil es Ganzheiten unterschiedlicher Größe, Potenz und Mächtigkeit gibt. Jedes Ganze wird ergänzt durch seinen individuellen Inbegriff, mit dem es nicht zusammenfällt, sondern eine neue Ganzheit bildet, die sich deshalb noch nicht begriffen hat, sondern ihren Begriff sucht. Der Begriff, der aufs Ganze geht, geht deshalb auch schon über das Ganze hinaus, und jenes Ganze, an dem auch sein Begriff noch teilhat, hat nicht an diesem Begriff teil.

Der Hegelsche Begriff will in ein und demselben Griff sich selbst begreifen als jenen Teil des Ganzen, der das Ganze begreift, und als jenen Teil des Ganzen, der mit dem Ganzen mitbegriffen ist. Sich selbst begreifen und das Ganze begreifen wird dasselbe, weil das Selbst als Teil des Ganzen Inbegriff des Ganzen und nur als Inbegriff der Welt ein kleiner Teil der Welt ist.

Das meint Hegel mit dem obersten Grundsatz der Dialektik von der *Identität der Identität und der Differenz* von Ich und Welt, von Sein und Bewußtsein.

Philosophie verkommt in dieser Situation zur Einzelwissenschaft vom großen Ganzen, und die Vermittlung aller Teilgebiete wird zum Teilgebiet, wie die Allgemeinbildung das hochgezüchtetste aller Spezial- gebiete für Experten ist, wo jeder ein Fachmann für irgendetwas wurde.

Die Stellung der Philosophie zu den Spezialwissenschaften ist Reflex der je erreichten „Stellung des Gedankens zur Objektivität" (Hegel), des Ganzen zu seinem Inbegriff. An der Philosophie bewahrheitet sich als erstes, was sie selbst lehrt : Der Inbegriff des Ganzen ist Teil des Ganzen unter anderem, und jener Teil ist als individueller Inbegriff vom Ganzen Außenseiter des Ganzen. Der Anstoß für das Philosophieren heute ist nicht nur das 'unglückliche Bewußtsein', als Bewußtsein vom Ganzen aus diesem Ganzen herausgefallen zu sein, sondern gerade das vergleichsweise glückliche Bewußtsein, Teil des Ganzen zu sein und in ihm aufzugehen. Dieses glückliche Bewußtsein muß als unglückliches erlebt werden, und Philosophen sind in ihrem professionell unglücklichen Bewußtsein ganz glücklich. Im Ganzen eingespannt, sind sie mit ihm zerfallen. Je stärker die reale Ohnmacht, desto wilder die imaginäre Allmacht, und nur Reflexion kann den Philosophen vor Omnipotenzphantasien bewahren — obwohl nicht jeder Außenseiter schon die Innenseite der Innenseite gesehen haben muß, um Außenseiter zu werden.

Der Philosoph darf das Ganze in seinen Zusammenhängen begreifen wollen, aber wenn er sich beklagt, dadurch gerade draußen zu stehen, fern von dem, was er begreifen soll, dann bürgert man ihn wieder ein, wenn er zugibt, ein nur einseitiges Bild von der Innenseite zu geben.

Sich engagieren heißt, Teil des zu begreifenden Ganzen werden und es nicht mehr als Ganzes übersehen, während der philosophische Begriff des Ganzen außerhalb des Ganzen steht.

Im 20. Jahrhundert ist die im Anschluß an Transzendenzprobleme auftauchende transzendentale Kernfrage der Philosophie wohl am entschiedensten von Edmund **Husserl** herausgearbeitet worden. − Nicht umsonst knüpft Husserl bei Descartes und Kant an. *Intentio recta* ist naiv an den ihr spezifisch gegebenen Gegenstandsbereich hingegeben. Erst die philosophische *intentio obliqua* reflektiert darauf, wie ich auf was (und wozu) intentional gerichtet bin.

Husserls Größe könnte darin liegen, daß er Kants transzendentales Subjekt der reinen Apperzeption rekonstruiert und das intelligible Ego als jene Instanz legitimiert, die nicht durch Anschauungen zu Begriffen kommt, sondern umgekehrt durch Begriffe zur Anschaulichkeit, um ihren Gegenstand zu erreichen, indem er dieses reine transzendentale *Ego cogito* säuberlich von jenem empirischen Ich trennt, das von der reinen Egoität erst konstituiert werde und geradehin Wissenschaft betreibe an beliebigen Inventarstücken der Weltvorkommnisse.

Aber Husserl will nicht wahrhaben, und darin dürfte seine Grenze liegen, daß das intelligible Ich mit seinen konstituierenden Leistungen selbst eine innerweltliche Faktizität hat, auch wenn diese nicht zusammenfällt mit den von ihm erst konstituierten Fakten. Es ist keine jener Fakten, die es allererst begründet, aber *daß* und wie es sie begründet, ist eine Tatsache, die es nicht selbst begründet hat. Die vom *Ego cogito* begründeten und die von ihm unbegründbaren Tat-Sachen hängen zusammen, ohne identisch zu sein, es sind Tatsachen verschiedener logischer Reflexionsstufe. Und nicht erst die vom Ich konstituierten Fakten sind Bestandteile der allen gemeinsamen intersubjektiven Welt, sondern auch diese transzendentalen Subjekte in transzendental konstitutiver Funktion. Husserl kann die Intelligibilität nicht von der Welt tangiert und begrenzt sehen. Husserl wird nicht müde zu beteuern, und Heidegger ist ihm hierin gefolgt, daß das Ich, um nicht von seiner Faktizität in der Welt ereilt und verschlungen zu werden, nichts als die synthetische Einheit seiner Funktionen sei, Welt zu setzen in ihren Fakten.

Teil der Welt soll das Ich erst als konstituiertes sein und nicht schon als weltkonstituierendes. Wie kann das Ich Bestandteil der Welt sein, bevor es diese Welt intentional begründet hat?

Alle Gedanken Husserls sind wohl „Cartesianische Meditationen".
Bewußtsein ist Bewußtsein von etwas, von der Sache selbst, deren
Existenz 'probeweise durchgestrichen und eingeklammert' werden
müsse, um das Wesen der gemeinten Sache selbst *rein anschauen* zu
können. Zurück zu den Sachen selbst, heißt die Parole, und Husserl
muß einen gigantischen transzendentalen Subjektivitätsaufwand
treiben, um die empirisch subjektive Zutat von der Sache selbst ab-
zulösen. Es sieht so aus, als werde dabei aber die Welt nicht vom
Ich verschlungen, auch nicht diesem Sinne, daß das transzendentale
Ich eine Welt bestimmt, von der das empirische Ich bestimmt wird.
Bei Husserl ist das Objekt dem Subjekt transzendent und wird
weder aus subjektiver Immanenz herausgesponnen noch darin
aufgelöst. Das Subjekt sei auch kein Fakt wie sein Objekt, sondern
nichts als eine exzentrische Intention auf sein Objekt hin. Seine
Innerlichkeit sei ja kein Behälter, in dem das Objekt aufbewahrt
werde, sondern bestehe darin, draußen beim Objekt zu sein. Aber
ganz unabhängig vom Subjekt sei das Objekt gerade innerhalb des
Subjekts, das außerhalb seiner selbst beim Objekt sei. Die Immanenz
des Ich sei seine Transzendenz, wenn es über sich hinausgehe, um
seinen Gegenstand zu erfassen, aber die Transzendenz des Gegenstandes gegenüber dem Subjekt entfalte sich erst inmitten der
transzendierenden Immanenz der Subjektivität.

Die Transzendenz des Objekts wird von der Selbsttranszendenz des
Subjekts konstituiert. Dem Subjekt transzendent ist ein Objekt
gerade *in* einem Subjekt, sofern dieses Subjekt sich auf das Objekt
hin transzendiert und nichts ist als diese seine Selbstüberschreitung.

Innerhalb des Subjekts ist das Objekt gerade außerhalb des
Subjekts, weil das Subjekt gerade in sich bleibt, wo es außerhalb
seiner selbst beim Objekt ist. Das intelligible *Ego cogitans* konstituiert bei Husserl die Welt im Ganzen, also auch sein eigenes
empirisch vorfindliches Vorkommen in dieser Welt. Aber kon-

stituiert es auch, *daß* es sich selbst samt der Welt konstituiert? Einmal konstituiert es sich als Teil der Welt. Teil der konstituierten Welt ist das Ich aber gerade als weltkonstituierendes. Ist das Ich bestimmt von der Welt, die es selbst bestimmt, oder bestimmt es eine Welt, von der es bestimmt wird? Für Husserl kann das Ich nicht ganz von dieser Welt sein, wenn diese ganz von Gnaden des Ich ist. Dem transzendentalen Ego wird alle Faktizität aberkannt und logisch entzogen außer der einen, alle Fakten zu seinen Artefakten zu machen. Die Bedingung der Möglichkeit aller Dinge ist für diesen protestantisch Konvertierten die Bedingung der Unmöglichkeit, eines dieser Dinge selbst zu sein. Das transzendentale Ich müsse allem Empirischen, also auch und gerade dem empirisch konstatierbaren Ich, strikt transzendent sein, um den Kosmos des Erfahrbaren konstituieren zu können. Um der Konstitution der Tatsachen willen verschwindet es hinter den eigenen sinnstiftenden Leistungen. Die *res intentionalis* ist der *res extensa* so extern und transzendent wie nur die *res cogitans* der *res corporea* bei René Descartes.

Es war seinem rechtslastigen Schüler **Heidegger** vorbehalten, das transzendentale Ich als 'In-der-Welt- sein' wieder in das „Seiende im Ganzen" einzubürgern, ohne es zu einem 'innerweltlich Zuhandenen' und 'faktisch Vorhandenen' zu machen. Die Existenz der Gegenstände, die Husserl opfert, um deren Wesen weniger zu begreifen als anzuschauen, wird bei Heidegger zur menschlichen Existenz selbst, und das weltsetzende Ich wird wieder in die Welt gesetzt und ist doch kein Ding unter anderen Dingen.

Darin, daß das menschliche Dasein seine eigene Subjektivität ist und zu sein hat, ohne sie selbst herstellen zu können, ähnelt es den von ihm konstituierten Gegenständen, die sich auch nicht selbst konstituieren können. Diese konstitutionelle Impotenz aber hindert die menschliche Existenz und das nach Heidegger 'nicht-daseinsmäßige

Seiende' nicht, onto-logisch unterschiedlichen Typs zu sein, obwohl Heidegger mehrfach betont hat, daß die 'ontologische Differenz von Sein und Seiendem' und die von Dingen und Menschen nicht identisch sei mit der logischen Differenz zwischen Begriff und Gegenstand, von Wesen und Existenz, Menge und Element, Form und Inhalt.

Das menschliche Dasein 'entwirft' bei Heidegger wie ein Ingenieur oder Architekt den 'Sinn des Seins des Seienden im Ganzen' und den Seinssinn seiner selbst, aber es könne nicht entwerfen, *daß* es diesen Sinn entwerfe. In dieses Sinnentwerfen sei die menschliche Existenz 'geworfen' (und könne das nur frei übernehmen oder versäumen) wie ein Fisch ins Wasser. Dieses Sinnentwerfen selbst habe keinen Sinn, da jeder Sinn vom Dasein eigens zu entwerfen sei, wenn er gelten solle. Geworfen ist das Dasein bei Heidegger also nicht in die Welt als ein beliebiges Seiendes unter anderem, sondern auch und vor allem als weltentwerfendes Vermögen. Die Ohnmacht und Endlichkeit des Menschen, sie liege nicht nur und nicht primär darin, benommener Teil der Welt zu sein und in seinem Sinn von anderen Menschen entworfen zu sein als ein *Man-Selbst*, sondern in der Unfähigkeit, sein Entwerfen seiner selbst und der Welt eigens selbst entwerfen zu können. Der Mensch sei Produkt seiner selbst, besser ein Projekt seiner selbst, aber diese Selbstproduktion und Selbstprojektion sei nicht sein eigenes Projekt und Produkt. Er ist nach Heidegger nichts als die Möglichkeit, Macht über alles zu haben, auch über sich selbst, sofern er ein Wesen unter anderen ist, aber es fehle ihm die Macht über diese Macht. Es ist ihm unmöglich, nicht diese Möglichkeit seiner selbst und aller Seinsentwürfe zu sein. Er versteht alles außer der Tatsache, *daß* er alles Selbstverständliche selbst verstehen könne und sich auf alles verstehe.

Die Unverfügbarkeit seines Dass sei dem Menschen in den Stimmungen 'erschlossen'. Diese Befindlichkeiten zeigen mir nicht, wo ich mich als ein Wesen unter anderen in der Welt befinde, sondern daß ich gar nichts vermag über mein wesentliches Vermögen, Möglichkeiten in die Welt zu setzen. Ich verstehe, und in meine Verständigkeit habe ich mich hineinzufinden, sie ist mir vorgegeben. Heideggers ständige Abwehr, 'ontologische' Befunde mit 'ontischen' zu verwechseln, hat hier ihren Grund in einer Ontologisierung der Typentheorie Russells, wenn man so will. – (Weder deutsche noch französische Heideggerianer werden das wollen.)

Wenn meine 'Faktizität' nicht darin besteht, ein Einzelfaktum in der Welt zu sein, die ich entwerfe und deren Entwurf ich bin, sondern dies mein weltprojizierendes Wesen nicht abschütteln zu können, ohne mich aufzugeben, dann erschließt mir auch meine Angst, auf die Heidegger so großen Wert legt, meine Nichtigkeit nicht als verlorenes Stäubchen im All, sondern als die Unfähigkeit, über meine Naturbeherrschung Herr zu werden. Diese Selbstbeherrschung gilt für ein psychophysisches Individuum, aber nicht als Wille zur Herrschaft über alles. Bei Nietzsche hat Heidegger gelernt, daß er nicht kein Machtwille sein (wollen) könne. Die Angst enthülle mir nicht, daß ich ein bedrohtes Seiendes unter anderem bin, sondern gerade, daß ich es nicht bin und daß weder ich noch ein anderes Seiendes mir etwas sein können. In der Angst werde mir klar, daß ich nicht nur Seiendes bin, sondern nichts als das Projekt, alles Seiende zu entwerfen und entwerfen zu müssen.

Ich kann mich selbst beherrschen, aber nicht, *daß* ich mich und alles beherrschen wolle. Die europäische Philosophiegeschichte deutet Heidegger als 'Verfallsgeschichte von Seinsvergessenheit', weil der Mensch jenes Seiende sei, das alles Seiende auf sich beziehe und zurückführe, aber dabei verdränge, *daß* er in aller Präpotenz ja nicht aus sich ableiten könne, alles Seiende samt seiner selbst aus sich abzuleiten. Ich sei ganz darauf zurückgeführt, alles auf mich zurückführen zu müssen. Ich sei nicht nur ins Seiende, sondern ins Entwerfen alles Seienden in seinem Sinn hineingeworfen, und dieses Werfen *habe* keinen Werfer, sondern *sei* selbst der Werfer, aber das Geworfensein ins Entwerfen sei und habe keinen Werfer mehr, da Gott selbst nur entworfen sei. Das menschliche Dasein kann nicht ins Entwerfen geworfen sein vom Seienden, dessen Sinn es ja erst entwirft. Was mich ins Entwerfen des Seienden werfe, nennt Heidegger 'Sein' oder 'Seyn'. Es ist bei Heidegger völlig konsequent weder entworfen noch entwerfend oder geworfen und 'erworfen', sondern verstanden als das 'Woher des geworfenen Entwurfs', 'dem es in seinem Sein um dieses selbst geht'. Gegenstandsstufe 1. Ordnung nun nennt Heidegger : Substanz, Seiendes, Anwesendes, auch Vorhandenes, Zuhandenes etc.

Das 'Sein' fungiert als Metastufe dazu, und das 'menschliche Dasein' wird vorgestellt als ein 'ontisch- ontologisches' Seiendes. Wenn die menschliche Existenz als die Metastufe zweiter Ordnung auftritt, wird das 'Sein' die Ontologisierung der dritten Metastufe über dem 'nichtdaseinsmäßig Seienden' und 'menschlichen Dasein' (das sind Subjekt und Objekt in der traditionellen Terminologie). Der 'existenzielle Sinn' des Todes nun besteht für Heidegger nicht darin, daß wir sterben wie alle Lebewesen, sondern keine Macht haben über unsere Macht über alle Seinsmöglichkeiten des Lebens. In gewisser Weise entwerfe ich, sobald ich den Sinn des Seienden entwerfe, immer mit, daß ich nicht entwerfen kann, alles entwerfen zu können oder nicht. Weil ich Entwurf *sei*, könne ich nicht nichts entwerfen. Der Tod wird von daher denkbar als ständige Möglichkeit der Unmöglichkeit aller weiteren Möglichkeitsentwürfe. —

Sicher ließe sich die Seinsgebundenheit an die Seinsentbundenheit, die Bindung an die Selbstentbindung, auch bestimmen ohne begrifflichen Rückgriff auf so etwas wie preußische Todesbereitschaft.

Schelling nannte das „Dass der Vernunft" die Mutter Natur im Unterschied zu ihren natürlichen Kindern, Heidegger nannte das „Dass der Existenz" die in den Stimmungen erschlossene Faktizität des menschlichen Daseins im Unterschied zu dem innerweltlich real existierenden Ich und Nicht-Ich. Erst der viel spätere Heidegger entdeckte in Schelling wieder, was er sich an Mutter Natur entdeckt hatte im 'Sein des Seienden', im ‚Da des Daseins', in dem Mutter Natur für die menschliche Existenz ganz da ist. Um nicht bei Marx zu landen, paraphrasiert der späte Heidegger dann den späteren Schelling der Freiheits-Schrift von 1809.

Was bei Schelling noch transzendent(al)es Übersichhinausgehen ist, wird bei Heidegger zeitgewinnendes 'Sichvorwegsein'. Was da ganz aus sich herausgeht, indem es sich vorweg existiert (und vor sich wegläuft), ist *als* diese Selbsttranszendenz in die Welt eingebunden und nicht schon vor dieser Selbstüberschreitung als Ding unter Dingen vorhanden. Das 'In-der-Welt-Sein des Sichvorwegseins' ist kategorial von ganz anderer onto-logischer Ebene als das 'innerweltliche Vorhandensein' eines Objekts, welches gerade nicht sich auf sich selbst hin entwirft. Fakten, menschliche Projekte und Faktizität menschlicher Projektionen sind drei verschiedene, säuberlich auseinanderzuhaltende, aber im Menschen zusammenspielende Logos-Stufen. Was bei Heidegger ‚Entwurf' und bei Sartre 'projet' genannt wird, ist eigentlich psychologische Projektion.

Es werden Weltbilder auf die weiße Leinwand des Todes geworfen; der Mensch projiziert sich in Mitmenschen, in denen und bei denen es ihm um sein eigenstes Sein gehe. Eigentlich projektiert und projiziert das Menschenkind bei Heidegger aber sich auf Mutter Natur (und die 'Lichtung' ihrer platonischen Leibeshöhle). Bei B. Russell entsprechen den drei Ekstasen Heideggers, Seiendes, Dasein und Seyn, eben die drei logischen Typen und 'Klassen' : Individuen, Begriffe, Urteile über Begriffe. So hat der Begriff eine genuine Individualität, ohne aber eines der von ihm begriffenen Individuen zu sein. Objekt, Begriff und Urteil kommen da nicht wie Hegel im vernünftigen *Schluß* zum Schluß.

Die Selbstüberschreitungen sind kein regressus in infinitum, sondern ein regressus ad mortem bei Heidegger. Die Geworfenheit ins Entwerfen der Geworfenheit läßt sich nicht mehr entwerfen, sondern ist Geworfenheit in das 'Sein zum Tode'. Gegenwart entwirft den Abschluß der Vergangenheit in der Zukunft und öffnet diese Ganzheit zugleich wieder für neue Ganzheiten. Existenz als Entwurf des 'eigensten Ganzseinkönnens' nimmt teil an den bereits bekannten Paradoxien von Einheit und Ganzheit und AllgemEinheit.

Heidegger will die zweite Meta-Stufe, die Existenz, daran hindern, sich mit der ersten der vorhandenen und zuhandenen Dinge zu verwechseln, aber auch die dritte Meta-Stufe daran hindern, als menschliche Machenschaft zweiter Meta-Stufe mißverstanden zu werden. Die Meta-Stufen sollen nie an die nächstniedrigeren 'verfallen'. Das Sein sei kein menschliches Produkt, und die menschliche Existenz möge bitte nicht sich selbst versäumen im 'bloßen Besorgen des innerweltlich Seienden'. Nach der 'Kehre' erst entdeckt Heidegger die 'zweite Ousia', die zweite Substantialität menschlicher Subjektivität : Der Begriff entdeckt seine Ergriffenheit, aber nicht durch begreifbare Objekte. – Was der späte Heidegger „Ding" nennt, ist nicht mehr das, was in „Sein und Zeit" von 1926 Zuhandenes und Vorhandenes genannt wird, sondern hat etwas zu tun mit der Faktizität des Menschen, der vollendete Tatsachen schafft.

Das Ding spiegelt bei Heidegger, *daß* der Mensch gleichsam keine Macht gewinnt über seine Macht über alles Seiende, daß er nicht von Objekten überwältigt wird, sondern von seiner Gewalt gegen die Welt. Das 'Ding' ist die Faktizität zweiter Ordnung des innerweltlich Seienden. Es hat den ganzen Prozeß von Selbst und Ganzheit hinter sich und in sich, es ist ganz reflexiv, sofern es totalitär ist, und umgekehrt.

Der kunstgewerbliche Terminus 'Entwerfen' suggeriert ein Mittleres zwischen praktischen und theoretischen Intentionen, zwischen Konstruktion und Schöpferkraft, zwischen Konzeption und Kreation. Wenn der Mensch ‚entwirft‘, wird er zum Designer seiner selbst, auch wenn er nach Heidegger die Sprache, das 'Haus des Seins', nicht selbst entworfen hat.

Wir entwerfen nicht unser Ende aller Entwürfe mit, aber dessen Unentwerfbarkeit. Der Tod wirft uns aus der Geworfenheit ins Entwerfen wieder heraus, und dieser Auswurf ist gleichsam immer mitentworfen. — Die Lösung des sich verabsolutierenden Subjekts aus der Übermacht der Natur und der Übernatur habe sich in Nietzsche vollendet, in dessen Konzept eines Willens zur Allmacht des Subjekts. − Was gegen diese Emanzipation des Subjekts für Heidegger spricht, ist kein moralischer Einwand gegen Hybris, sondern das Bedenken, daß diese Emanzipation ihr Ziel nicht erreichen könne. Der 'Wille zur Macht' ende an der Ohnmacht gegen diese Allmacht, an der ontologischen Unmöglichkeit, Herr zu werden über das Projekt, Herr über alles und über sich zu werden. Das allmächtige Subjekt ist ohnmächtig genug, keine Mauer bauen zu können, die es selbst nicht mehr überschreiten könne, weil ich nicht wollen kann, nicht alles können zu wollen und wollen zu können. Da ich als Kind meiner Zeit unfähig geworden bin, nicht zu allem fähig zu sein, da er nicht anders kann, als immer auch anders zu können und zu wollen, da er nicht den Grund dafür legen kann, *für* alles den Grund zu legen, ist der Wille zur Macht unfreiwillig gerade der Wille zur widerwilligen Allmacht der Ohnmacht und zur Impotenz der Omnipotenzphantasien. Von daher verliert Heideggers 'Sein' einiges von seinem mystischen Mysterium und von seiner tautologischen Banalität, die ihm häufig vorgerechnet wurden. Der Begriff wird zum Angriff, Übergriff und Vorgriff, der nicht auf das 'Seiende im Ganzen' reduzierbar ist, sondern diesem immer schon ‚vorweg' läuft. Die Transzendenz des Seins gegenüber dem Seienden im Ganzen ist eine des logischen Typs von Urteilsformen.

Das Dasein existiere nicht sich vorweg, über sich hinweg, wie Gott über seine Welt, sondern wie die Zukunft über die Gegenwart hinaus ist. Die konstitutionelle Nichtidentität des Ganzen mit seinem menschlichen Inbegriff ist Differenz des Begriffs zu sich selbst : der Begriff begreift sich nicht selbst beim Begreifen von allem. Heidegger zieht es vor, Verstand zu verstehen als Vermögen, sich auf etwas zu verstehen; das klingt praktischer, obwohl Hegels „Begriff" doch auch genug Griffigkeit assoziiert hatte. Die reflexive Selbstaufstufung des Menschen über das von ihm entworfene Seiende im Ganzen ist bei Heidegger die 'Zeit'. Die zeitliche Selbstüberschreitung faßt er als 'Sichvorwegsein beim Tode', und später ist dieser Tod eingetreten, wenn ich an Mutter Natur wieder zum Grunde gehe bei meinem allzu 'ekstatischen Ek-sistieren'.

Ich bin bei Heidegger so wenig nur in der Zeit wie in der Welt, sondern die Zeit entsteht in mir, wenn ich mich 'zeitige' und mir vorweg lebe. Die Nichtidentität von Begriff und Existenz werde beim Menschen eine Ek-stase : das Verstehen des Ganzen samt meiner selbst ist mir und dem Ganzen entrückt und immer schon vorweg. Das Ganze samt seinem Selbstverständnis ist eine Teilganzheit, die wieder durch neues Selbstverständnis ergänzt werden muß, wenn sie nicht selbstverständlich sein soll; das Ganze transzendiert sich unablässig selbst, und das heißt für Heidegger Leben und "Ek-sistieren" : Seinen Begriff entwerfen, sein Selbstverständnis dem Ganzen des Seienden vorwerfen im 'Gewissen'. Der Tod wird dann die Vorwegnahme der dem Leben größtmöglichen

83

Ganzheit, welche nicht durch weitere Vorgriffe ergänzbar ist, die transzendentale Bedingung der Möglichkeit aller zeitlich vorgelagerten und entwerfbaren Ganzheitsmöglichkeiten und fortschreitenden Selbstergänzungen.

Das Ganze muß zeitlich abgeschlossen sein, bevor es einen Begriff von sich gewinnt. Der Begriff vom Ganzen ist immer Vorgriff auf ein nie mögliches Ganzes aller Begriffe vom Ganzen der Möglichkeiten. Der Tod bei Heidegger ist Kants *regulative Idee*?

1. Meta-Stufe : Seiendes, Zuhandenes, Vorhandenes, Substanz, Faktum, Objekt ...
2. Meta-Stufe : Da-sein, Existenz, Subjektivität, Verstehen, Entwerfen, Entschlossenheit, Bedingung, Selbstbegründung, Machtwille ...
3. Meta-Stufe : Faktizität, Befindlichkeit, Stimmung, Erschlossenheit, Angst vor (dem) Nichts, Tod, Gewissensschuld, Ganz-sein-können, Sein, Ding, Geviert ...

Zuerst war die Selbstzeitigung, 'Zeitlichkeit' des Lebens die Bedingung der Möglichkeit dafür, daß jedes 'Ganz-sein-können' immer wieder neu um seinen Begriff, um den Vorgriff auf sein Selbstverständnis, ergänzt und erweitert wurde. Alles passiert zeitlich nach und nach und doch zugleich immer schon gleichzeitig.

Später wurde *Raum* geschaffen für einen Begriff außerhalb des Ganzen, jenseits der Kugel des Seienden. Das Ganze als ganzes eröffnet beim späten Heidegger sein Jenseits zwar noch im Tod, aber die Existenz geht, wenn sie zugrunde geht, eben zum Grunde an Mutter Natur, regrediert in die 'Lichtung' des Mutterschoßes, der ihr Grab wird.

Im Mutterschoß der Physis werden der Ursprung und das Endziel eins, und immer geht es Heidegger, erst im philosophischen Begriff, dann im Denken ans Kunstwerk, um die Seinsart 3. Ordnung: nichtsubstantielle Substantialität der menschlichen Subjektivität (die die zweite Meta-Stufe einnimmt und als solche die erste Ebene des nur Seienden entwirft). Dasein sei nie dem vorweg, sich selbst vorweg zu sein. Die Selbsttranszendenz ist nicht transzendierbar und dem Dasein nicht transzendent. Nie bin ich darüber hinaus, über mich und alles andere hinaus zu sein, um das zu sein, was ich sei. Das ist die Anthropologie der unmöglichen Anthropologie : Die Natur des Menschen bestehe darin, kein Stück Natur zu sein. Mein Wesen sei kein Ort in einer kosmischen oder göttlichen Hierarchie mehr, keine Planstelle in der Weltordnung, sondern vorgegeben sei mir nur, daß mir nichts vorgegeben ist, und festzustellen an mir sei bestimmt nichts anderes, als daß an mir nichts Bestimmtes festzustellen ist.

Die Unmöglichkeit jeder Anthropologie wird jenseits des Humanismus zu einer Meta-Anthropologie : Es ist Schluß mit dem *animal rationale* und *zoon politikon*, mit dem *ens creatum* und Homo Faber.

Bei Heideggerschüler **Sartre** degeneriert die Freiheit, dieses 'Loch im Seinsgewebe', nicht zu einer bloßen Schwarzwaldlichtung mitten in Paris. Wenn bei Sartre der Mensch zur Freiheit von allem Seienden verurteilt ist, dann kennt auch Sartre die drei Meta-Stufen des Seienden, der menschlichen Freiheit davon und der *Verdammung* zu dieser Freiheit. Die Verurteilung zur Freiheit vom Sein ist etwas fundamental anderes als die kausale Determination eines Seienden durch anderes.

Die Verurteilung zur Freiheit vom Sein ist keine Verurteilung der Freiheit durch das Sein und zum Sein unter anderem. Auch umgekehrt ist natürlich die Determination des Menschen durch

Milieu und Erbgut getrennt durch den Abgrund einer Meta-Stufe und Metaphysik von der Verurteilung des Menschen zur Freiheit von Milieu und Erbgut, ohne daß diese rechtskräftige Verurteilung nun aufhören würde, eine wirkliche Determination und empirische Konditionierung zu sein. 'Verurteilung zur Freiheit' wegen welcher Straftat und absolute Absolution von welcher Schuld? Sartre ohne „Über-Ich"? Wenn ich Freiheit bin, bin ich nicht mehr so frei, unfrei zu sein : Ich bin freiwillig unfrei und unfreiwillig frei. Wenn ich frei bin, dann unfreiwillig, und wenn ich unfrei bin, dann deshalb, weil ich es so wollte. Ich bin frei von allem für alles, außer davon, daß ich frei bin, und außer dafür, daß ich nicht frei bin.

Das Sein dieser Freiheit von allem Sein und für alles Sein gehört nie zum Sein, wovon und wofür ich mich befreie bei Sartre. Unbesteigbar sei ein Berg nur für den, der ihn besteigen wolle. Sartre pointiert die Anwendung der Russellschen Paradoxien auf die menschliche Existenz, aber Verdammung zur Vertreibung aus dem Paradies des Mutterschoßes für welche Erbsünde? Wenn ich mich und das Sein überschreite, liege ich wirklich hinter mir, ich bin 'de-passe', meine Vergangenheit bestimmt mich bei Sartre nicht mehr. Was mich bestimmt, ist die Unfähigkeit, bestimmt zu werden, ohne der zu bleiben, der sich bestimmen, entlasten und entschuldigen lassen will durch Determinanten. Man könnte sagen, daß bei Sartre die Freiheit Herr wird ihrer Verurteilung zur Freiheit *von* allem und *für* alles. In der Selbstbeherrschung gibt es bei dem Cartesianer keinen Knecht. Ich müsse schon frei sein, um mich auch nur befreien zu können, und frei sei ich, um mich nicht von der Freiheit vom Schicksal befreien zu können. Ich bin bei Sartre so zur Freiheit verurteilt, wie ich bei Heidegger ins Entwerfen geworfen bin, aber für Sartre entwerfe ich noch die Geworfenheit ins Entwerfen, während ich für Heidegger ins Entwerfen aller Geworfenheiten 'erworfen' bleibe. Sartre will frei bleiben selbst für die Verurteilung zu seiner Freiheit, nach ihm bin ich frei dazu, nicht unfrei sein zu kön-

86

nen. Die Existenz gehe gut anti-scholastisch der Essenz voraus und produziere sie selbst, aber daß sie ihr vorausgeht, gehe der Existenz voraus. Daß die Essenz Ausfluß der menschlichen Existenz ist, sei Ausfluß einer Quintessenz des Lebens, nämlich dieser Verdammung zur Selbstabsolution von allen Urteilsverkündungen.

Heidegger und Sartre unterscheiden sich auf dieser Ebene der Betrachtung nicht dadurch, daß beim Deutschen der menschliche Entwurf nicht von seiner Geworfenheit loskomme, während beim Franzosen gerade die Freiheit sich löse vom Wurf in die Welt. Es könnte auf den ersten Blick so aussehen, als realisiere und wiederhole die Heideggersche 'Ek-sistenz' nur ein gewesenes Wesen, während der Existenzialist sein begriffliches Wesen erst selbst erfinde statt vorfinde. Wir halten diesen Unterschied für ein bloßes Mißverständnis : Bei Heidegger wiederholt die Existenz keine (vorgegebene) Essenz, sondern holt ihre eigene 'Existenzialität' immer wieder neu hervor. Sie kommt zwar ständig auf gewesene Möglichkeit zurück, aber eben auf die ewige Möglichkeit des Entwerfens aller Möglichkeiten. 'Eigentlich' komme ich stets darauf zurück, alles selbst entwerfen zu können und zu müssen, statt mich entwerfen zu lassen, — also auch entworfen zu haben, daß und wie ich mich entwerfen und verwerfen und bewerfen, durcheinanderwerfen und rauswerfen lasse. Entwerfe ich meine Geworfenheit, entwerfe ich kein innerweltliches Bauobjekt, sondern übernehme nur eigens, daß ich Entwurf meiner Welt bin. Entwerfen heißt hier mitentwerfen, *daß* ich das Entwerfen nicht eigens entwerfen kann. Wenn ich meine Geworfenheit ins Entwerfen entwerfe, entwerfe ich gerade nicht, daß ich alles entwerfe, sondern daß ich nicht selbst entwerfe, alles selbst zu entwerfen. Auch bei Sartre gehört die Übernahme der Verurteilung zur Freiheit von allen Beurteilungen zur Freiheit selbst. Befreie ich mich von Tatsachen, komme ich nur auf die Tatsache zurück, frei von allen vollendeten Tatsachen sein zu müssen, also eine stets unvollendbare Tatsache sein zu dürfen.

Ich realisiere die vorgegebene Essenz, keine Essenz verwirklichen zu müssen. Besteht mein Wesen darin zu begreifen, daß ich es erfinden muß, statt vorfinden zu dürfen (oder erfinden zu dürfen und nicht entdecken zu müssen), dann finde ich mein Wesen vor, es zu erfinden und nicht nur zu enthüllen. Wenn das Individuum aber dabei seinen Allgemeinbegriff kreiert, also den seiner Klasse oder der Menschheit und des Humanismus, dann setzt es sich als einziges Element seiner Klasse oder definiert die Individuen mit, die zu seiner sozio-logischen Klasse gehören. Meist wird übersehen, daß das Individuum seinen Allgemeinbegriff erfindet, wenn die menschliche Existenz ihr Wesen schafft. Die Kritik Adornos an Hegel und Kierkegaard zugleich, an Begriffsphilosophie und Existenzphilosophie, setzt hier an. Das begriffsschöpferische Individuum sei blind dagegen, immer bereits vom 'objektiven Geist' längst begriffen, also die bloße Individuation eines kalkulierten Gemeinwohls zu sein. Gerade der Selfmademan sei ja Produkt gesellschaftlicher Imperative und kein Produzent seiner sozialen Objektivität.

Die Notwendigkeit der Naturkausalität verhält sich bei Sartres Option für die humane 'Antiphysis' wie Kants "hypothetischer Imperativ": Wenn X, dann notwendig Y, aber ob X herrsche, hänge von mir ab und sei nicht wieder Folge von Y oder Z. Kein X oder U könne mich zwingen, Y zu wollen, aber wenn ich das Ziel wolle, müsse ich die Ursachen als Mittel wählen, es als Wirkung dieser Mittel zu erreichen. Die Zielprojektionen seien notwendige Folgen von Ursachen in Gegenwart und Vergangenheit, genauer : nicht die Projektionen, sondern ihre Realisierungen. Die Projekte und Projektionen seien umgekehrt die Ursachen dafür, daß die Ursachen zu Mitteln werden, um die Ziele Wirklichkeit werden zu lassen. Die Wirkung sei die Ursache der Ursachen, und die Ursache sei Wirkung der Wirkung, wenn die menschliche Teleologie die Naturkausalität in Dienst nehme, in aller technischen Zweckrationalität, die Habermas an Sartre rügen wird. Sartre liebt es, von der Notwendigkeit der

Zufälligkeit aller Notwendigkeiten in Logik, Natur und Gesellschaft zu sprechen. In diesem Knäuel von Modalitäten verbergen sich wieder die drei erwähnten Meta-Ebenen einer Metaphysik, die keine sein will, weil die Transzendenz durch die Selbsttranszendierung des Subjekts ersetzt ist.

Aber daß alle Kontingenzen notwendig kontingent sind, ist selbst nur so zufällig, wie es notwendig ist, daß die Natur- und Sittengesetze zufällig notwendig gelten. Die Selbstbefreiung vom Schicksal ist unser Schicksal, die Befreiung von allen Zwängen ist zwingend, und die Entbindung vom Mutterschoß der Natur ist ja *natürlich* ein Hineingeborenwerden in den Sozialuterus der Kultur. Die Abnabelung wird ihr eigener Schoß beim Menschen, und wir wohnen in der Permanenz unserer Selbstentwöhnung.

Wer ist es, der bei allem existenzialistischen Entwerfen und Geworfensein denn nun eigentlich wirft? Wer oder was ist es, der mich wofür 'zur Freiheit verurteilt'? Weder das Jüngste Gericht noch ich selbst. Bei Heidegger und Sartre bin ich gerade als Weitwerfer und Architekt meiner selbst, als Konstrukteur meiner selbst oder des Seinshauses, ein feministischer *Wurf* der Mutter Natur − ganz ohne Vater und Gatten.

Das Sein definiert das Bewußtsein, aber das Bewußtsein definiert, daß und als was es sich vom Sein definieren läßt. Was mich aber bestimmt zum Selbstbestimmen dessen, als was ich bestimmt bin, ist bei Heidegger wie bei Sartre weder das bestimmend-bestimmte Subjekt noch das bestimmt-bestimmende Objekt. − Ich bin nicht durch mein Objekt dazu bestimmt, meine Bestimmung durchs Objekt selbst zu bestimmen oder durch das Bestimmen des Objekts selbst bestimmt zu sein. Aber ich forme mich auch nicht selbst dazu, das Material zu formen, von dem ich geformt werde, obwohl ich die Dinge dazu ausbilde, mich zu bilden. Warum aber ist die

Notwendigkeit der freien Möglichkeit aller Notwendigkeiten nicht selbst wieder bloß zufällig und frei gewählt?

Wenn ich nicht anders kann, als mein Wesen zu erfinden, also meinen Begriff von der Welt in die Welt zu setzen, also in meiner Person die Gesellschaft zu definieren und in der Gesellschaft mich selbst und meine Differenz zu anderen Gesellschaftsmitgliedern, dann definiere ich die Allgemeinheit auf allen Ebenen der Abstraktion und Spezifikation. Definieren heißt, den nächsthöheren Gattungsbegriff zu bestimmen und die spezifische Differenz zu gleichartigen Mitindividuen, also auch und gerade den Begriff vom Begriff, den sich die Definition anderer Menschen von meiner Selbstdefinition macht – und auch umgekehrt.

Heidegger ist den Antinomien der Totalität enthoben, weil er das Ganze nicht aus den Teilen, sondern die Teile aus dem Ganzen versteht. Da die Vernunft bei Kant in Widerstreit mit sich selbst gerät, sobald sie die Totalität ihrer möglichen Gegenstände vergegenständlicht, ist das „Seiende im Ganzen" bei Heidegger kein vernünftiges Thema für die Vernunft, sondern nur Stimmungssache. Die „Stimmung" geht auf das Ganze, auf das die Vernunft nicht gehen kann. Der *regressus in infinitum* war schon bei Kants erstem Kritiker *Maimon* kein Regress der Vernunft auf ein absolutes Unendliches, sondern eine Regression auf die bloß subjektive Einbildungskraft, auf die Fähigkeit also, sich einen Gegenstand auch ohne dessen Gegenwart vorzustellen.

Wo es ums Ganze gehe, werde die Vernunft nicht unvernünftig, sondern gerate in Widerspruch nicht mit sich selbst, sondern mit der Imagination, die Kant als gemeinsame Wurzel von Verstand und Sinnlichkeit verstand und ein Sartre später als Grund der Kunst. In Heideggers Kant-Buch von 1929 stellt diese transzendentale Einbildungskraft, die sich ein Bild vom Ganzen vor allen Teilen macht, kein Abbild von den Erfahrungsgegenständen her, sondern stellt ein Vor-Bild für deren Gegenständlichkeit selbst auf und raumzeitlich vor sich hin, als Zukunftsprojekt, in dessen Licht die Phänomene „sich von ihnen selbst her zeigen können in dem, was sie je selbst sind."

Der Weg von Kant über Maimon zu Heidegger ist ein Weg von den Antinomien der selbstbestimmten Vernunft über ihren Konflikt mit der subjektiven Einbildungskraft zur unvernünftigen Stimmung. Natur und Welt und Seele sind bei Kant noch Vernunftideen, bei Maimon nur pragmatische Forschungsfiktionen der schöpferischen Phantasie und bei Heidegger kein Gegenstand des Verstandes, sondern ein Zustand der Vernichtungsangst. Die Einbildungskraft, die bei Maimon der Vernunft widerspricht, hat Fichte einfach zur Vernunft selbst erklärt. Die Vernunft des deutschen Idealismus ist die Narrenfreiheit der bloßen Einbildung : Adorno verstand sie ganz konsequent als Wahnsinn, der sich seine eigene Welt baut, und in Heideggers Befindlichkeit Angst sah er bloße Sozialklaustrophobie.

Für Heidegger sind Stimmungen und Gefühle Enthüllungen des „Seienden im Ganzen". In der „Grundbefindlichkeit" der Angst werde das Seiende im Ganzen samt der menschlichen Existenz „genichtet", und das „Entgleiten" des Ganzen sei die Ankunft des „Seyns" selbst. Schon bei Kant geht der Gedanke auf das Wesen und das Gefühl auf die Existenz der Dinge. Aber für Kant ist es nicht das Gefühl, sondern die Vernunft, die mit sich in Widerspruch gerät, sobald sie die Totalität ihrer möglichen Gegenstände zu ihrem Gegenstand machen will, wenn die „sinnliche Mannigfaltigkeit" nicht unbestimmt gelassen, sondern potentiell unendlich groß wird. Der Verstand geht von einem Gegenstand zum anderen nach einer festen Regel, aber die Totalität der Bedingungen aller Dinge sei nicht selbst ein Ding unter anderen, sondern etwas ganz Unbedingtes.

Die Summe aller möglichen Zahlen ist nicht selbst eine Zahl. Ein Individuum wird angeschaut und gefühlt, mehrere Individuen werden unter ihrem Begriff gedacht, und die Summe aller Erfahrungsobjekte ist unerfahrbar. Die „Welt" habe weder einen Anfang noch keinen Anfang und sei weder erschaffen noch unerschaffen, da sie kein möglicher Erfahrungsgegenstand sei. Das Ganze möglicher Gegenstände ist bei Kant ein ganz unmöglicher Gegenstand und das Innewerden des Seienden im Ganzen auch bei Heidegger ein Bewußtsein von einem Seienden unter anderem. Kants Vernunftschluß von der Totalität aller Bedingungen auf ein Unbedingtes wird bei Martin Heidegger zur „stimmungsmäßigen Erschlossenheit des Seienden im Ganzen", zum „geworfenen Weltentwurf". Die vernünftige Selbstbestimmung des Subjekts ist hier in allen Teilen in eine unvernünftige Stimmung getaucht, bei der es nicht um Übereinstimmung mit einem Gegenstand oder um wahre Zustimmung zu ihm geht, sondern um Übereinstimmung aller Gegenstände in einer „Befindlichkeit des In-der-Welt-seins". Nach Sartre verhält sich Heidegger zu Husserl wie Spinoza zu Descartes, und tatsächlich sind Strukturanalogien zwischen Heideggers griechendeutscher „Physis" und Spinozas unbiblischem „amor Dei sive naturae" unübersehbar. Es geht nicht nur um fassadäre Korrespondenzen, daß es Heidegger in seinem Sein um dieses selbst geht wie Spinozas *sese-conservare* und daß Stimmungen nicht durch Vernunft, sondern nur durch Gegenaffekte aufgehoben werden können.

Die Gründe, aus denen gute Philosophen den unchristlichen Katholiken Heidegger heute rechts liegen lassen, ähneln den Gründen, aus denen Rabbiner drei Jahrhunderte früher am Apostaten Spinoza vorübergingen. Heideggers ungeschicktes „Seynsgeschick" abstrahiert nur vom vermeintlich ermordeten biblischen „Herrn der Geschichte" und rehabilitiert das blinde neopaganische Schicksal.

Verneinung als Bestimmung?

1919 erschien von Gottlob Frege eine logische Untersuchung über das Wesen der grammatischen Verneinung im 2. Heft / 1. Jahrgang der „Beiträge zur Philosophie des deutschen Idealismus", einer Zeitschrift der „Deutschen Philosophischen Gesellschaft", deren Organ sich von 1918 bis 1927 von Kant über Fichte zu „Blätter für deutsche Philosophie" mauserte und sich selbst schlicht zur „Deutschen Gesellschaft".

"Wenn der Angeklagte zur Zeit des Mordes *nicht in Berlin* gewesen ist, hat er den Mord nicht begangen; nun ist der Angeklagte zur Zeit des Mordes nicht in Berlin gewesen; also hat er den Mord nicht begangen." (1) – Das Plädoyer, das diesen Kopf retten will, illustriert den *modus ponens* an einem Idyll, in dem der Nachweis, nicht zur Tatzeit oder nie am Tatort gewesen zu sein, noch eine Alibiprämisse hergab.

Faktische Wahrheit, aus den Prämissen vertrieben in bloß noch formallogische Schlüssigkeit, bricht hinterrücks als ein historisches Wahrzeichen über die Kontingenz des Beispiels herein, gegen das der Schluss gleichgültig sich abschließen und invariant durchhalten zu können verspricht. „Wenn der Angeklagte zur Zeit des Mordes *in Rom* gewesen ist, hat er den Mord nicht begangen; nun ist der Angeklagte zur Zeit des Mordes in Rom gewesen; also hat er den Mord nicht begangen." Die verneinende Partikel ist vom Verb an den Begriff abgewandert : „war-nicht in Berlin" ist substituiert durch „war in Nicht-Berlin", wobei Rom als Element der unendlichen Klasse Nicht-Berlin auswechselbar ist.

An diesem Exempel wird die Frage, ob es neben bejahenden auch verneinende Gedanken gebe, mit Berufung auf die Denkökonomie verneint. Zwar teilt Frege säuberlich den Gedanken vom nur psychologischen Akt des Urteils, um diesem die Würde zu nehmen, Wahrheit und Falschheit des Gedankens zu produzieren. Aber Bejahung und Verneinung werden in den Gedanken versenkt einzig, um Urteilskraft dazu zu entmächtigen, ihn als so vorqualifizierten nur noch rezipieren zu können.

Denkökonomie muss herhalten und schickt sich eo ipso darein, Möglichkeit, potentielle Negation, aus dem Kompetenzbereich des Urteilsvermögens zu verbannen. Zwischen Urteil und Sachverhalt wird der Gedanke geschoben – Bild der Realität und Material für das Urteilsbild zugleich – der eher der Sachverhalt selbst ist, als das Urteil Bild des Gedankens ist. Da der Sachverhalt ebenso wenig schon wahr oder falsch sein kann, wie dem Urteil erlaubt wird, mit dem Gedanken die von ihm gespiegelte Realität zu verneinen, müssen die Anteile des Subjekts und des Objekts im falschen An-und-für-sich-sein des Gedankens eingeschweißt werden.

Das Urteil verwirft einen Gedanken nur durch Anerkennung der Wahrheit des so verneinten Gedankens hindurch, behauptet ein Gegenteil, einen anderen Gedanken aus dem fix und fertigen Arsenal der Ideen, als goutiere allein schon deshalb die weltliche Ordnung, wer Gott leugne, und glaube an ihn, wer den *ordo rerum* nur entschieden genug ablehne. Das Subjekt ist von der Ablehnung des Positiven, die in einer nicht minder positiven Antiwelt gespeichert ist, exemiert. Der Gott Barths ist so wenig schon dadurch Gott, dass er nicht von dieser Welt ist, wie die Nichtexistenz Gottes einen nicht mehr oder noch nicht wieder „ek-sistenten" Gott kirchenfähig gemacht hat nach Heideggerschem Rezept. Gar nicht zu reden von einer Theologie, die den Tod Gottes als bekannt voraussetzt : Ist er denn nicht in Christus gestorben?

Negativität, Subjektivität des Subjekts und Struktur von Zeitlichkeit, verkommt, von ihrem Positiv eingeholt, zum bloßen Außereinander der Meinungen im pluralistischen Punktraum, dem Warenlager der Markenartikel. Kritik der Urteilskraft kommt herunter auf Forschung nach Konsummotiven. Askese gegen eine Ware produziert eine andere, die ebenso positiv ist, wie sie vorgibt, den Konkurrenzschlager zu ihrem Negativ zu machen.

Die Beschneidung des Urteils auf Affirmation spiegelt die Selbstnegation des Subjekts vor der differenzlosen Kontinuität der Waren, zwischen deren zwei immer schon die dritte liegt, ohne dass Negatives eine Spalte fände einzudringen. Ob ein Gedanke als bejahter oder verneinter der Zustimmung oder Zurückweisung sich anbietet, wird ihm nicht vom Urteil, sondern von seiner eigenen Faktizität her zuteil, die nach dem Bilde dessen gemünzt ist, was er seit Ewigkeit immer schon abklatscht.

Die wechselseitige Verneinung der Ideen untereinander unter Ausschluss des Urteils, das dazu verhalten ist, weniger die eine abzulehnen, als der sie immanent kritisierenden zu applaudieren, reflektiert nur die Unmöglichkeit räumlicher Substanzen, gleichzeitig am selben Koordinatenpunkt antreffbar zu sein. Hart im logischen Raum stoßen sich die Gedanken, die den Sachverhalten sich verdanken, welche sie ausgeräumt haben wollen.

Verneinung, Suche nach ontischer Absättigung, ist als ein Bedürfnis früher als ihre Befriedigung. Da sie aber weniger ihren Gegenstand verneint als sich vor ihm, als ihre eigene Nichtigkeit angesichts seiner Fülle, ist sie in sich schon ihre eigene Verdoppelung: „Der Gedanke nämlich bedarf zu seinem Bestände keiner Ergänzung, er ist in sich vollständig. Dagegen bedarf die Verneinung einer Ergänzung durch den Gedanken ... Und durch dieses Ergänzen wird das Ganze zusammengehalten." (2)

„Ich vergleiche das Ergänzungsbedürftige mit einer Hülle, die sich wie ein Rock nicht aus eigner Kraft aufrechterhalten kann, sondern dazu eines Umhüllten bedarf. Der Umhüllte kann eine weitere Hülle − z.B. einen Mantel − anziehen. Die beiden Hüllen vereinigen sich zu einer Hülle. So ist eine zweifache Auffassung möglich. Man kann sagen, der schon mit einem Rocke Bekleidete werde nun noch mit einer zweiten Hülle, einem Mantel, umgeben, oder er habe eine aus zwei Hüllen − Rock und Mantel − zusammengesetzte Bekleidung. Diese Auffassungen sind durchaus gleichberechtigt." (3)

„ ... die einen Gedanken bekleidende doppelte Verneinung ändert den Wahrheitswert des Gedankens nicht." Ganz im Gegenteil steht sie ihm besonders gut : Doppelte Verneinung ist doppelte Bejahung. Die eine Verneinung verschmilzt mit der zweiten zu einer noch stärkeren − Bejahung.

André Gide schreibt irgendwo, Klassik sei die Kunst der Litotes. Vorliebzunehmen mit dem, was wenigstens nicht nichts und besser als gar nichts sei, rechtfertigt es dem bloßen Reproduktionstrieb des Immer-gleichen.

(1) Gottlob Frege : „Logische Untersuchungen".
Ed. Günther Patzig, Göttingen 1966, S. 61
(2) a.a.O., S. 68
(3) a.a.O., S. 71

Hegels "subjektive Logik" gegen die Frühromantik

Hegels „Wissenschaft der Logik" (1812/16) setzt dort an, wo Kant bei der logischen Kategorientafel des Aristoteles anknüpft. Im *Zusatz* zu § 171 der „Enzyklopädie der philosophischen Wissenschaften" werden die vier kategorialen Dreiergruppen der Qualität, Quantität, Relation und Modalität davon abgeleitet, daß das 1) Sein über die „Verdopplung" von 2) Wesen und 3) Erscheinung mit dem 4) Begriff vermittelt sei.

Die drei Urteilsformen der QUALITÄT (bejahende, verneinende und unendliche) führen bei Hegel zum logischen „Schluß des Daseins". Die drei Urteilsformen der QUANTITÄT (singuläre, partikulare und universelle) führen bei Hegel zum logischen „Schluß der Reflexion". Die drei Urteilsformen der RELATION (kategorische, hypothetische und disjunktive) führen bei Hegel zu dem logischen „Schluß der Notwendigkeit". Die drei Urteilsformen der MODALITÄT (assertorische, problematische und apodiktische) heißen „Urteile des Begriffs" und führen nicht nur über logische Schlüsse zum Begriff zurück, sondern auch zum Übergang des Begriffs in die „Objektivität" der Natur, von der Rüdiger Bubner anmerkte, sie habe an dieser Stelle des Systems längst in den Begriff aufgehoben sein müssen und dürfe hier eigentlich gar nicht mehr auftreten. Die allgemeine Form jedes Urteils sei: „Das Einzelne ist ein Allgemeines". Durch die Form des Ur-teils werde aber gerade ausgesprochen, daß Einzelheit und Allgemeinheit verschieden seien. Was im Begriff an Einzelheit und Allgemeinheit noch vereinigt sei, trete dann im Urteil als Subjekt und Prädikat auseinander. Das Urteil enthülle, was im Begriff implizit verborgen war, die Differenz von Individuum und Allgemeinheit. − Erst durch den logischen Schluß kehrt das Urteil laut Hegel zur Einheit des Begriffs zurück. Der Begriff hebe sich selbst ins Urteil auf, das Urteil in den Schluß und der Schluß wieder in den Begriff, wodurch das „abstrakte Ansichsein" erst „wirklicher Begriff werde. − Hegels dialektischer Gang durch Kants transzendental gewendete aristotelische Kategorientafel will den Übergang von einer Aussage- und Urteilsform zur nächsten erst begreiflich machen. Hält Hegel, was er verspricht, nämlich das zu halten, was Kant in seiner „transzendentalen Deduktion der reinen Verstandesbegriffe" nur versprochen hat?

Gehen wir Hegels eigenen Beispielen nach. Rosen sind nicht nur rot, sondern auch gelb, und rot sind ja nicht nur Rosen, sondern auch Wangen : Im qualitativen URTEIL DES DASEINS schneiden Subjekt Rose und Prädikat Röte sich in nur einem Punkt, ohne sich zu decken. − Diese Rose ist rot oder nicht rot, aber der Geist ist weder Elefant noch kein Elefant, sondern jenseits dieser Unterscheidung : Im *unendlich-negativen* Urteil der Qualität ist das Einzelne so wenig allgemein, daß es nicht einmal nicht-allgemein ist : Hier ist jedes mögliche Band zwischen Subjekt und Prädikat zerschnitten, Subjekt und Objekt bleiben gleich-gültig zueinander. − Der Übergang von der Qualität zu den „Verhältnisbestimmungen" der Quantität wird als Übergang vom Für-sich-sein zum Für-andere-sein begreiflich gemacht. Wenn diese *singuläre* Pflanze da heilsam ist, dann meinen wir, daß mehrere *partikulare* Pflanzen heilsam sind − für uns Menschen.

Wenn „alle Menschen" und keine Tiere Ohrläppchen haben (universelles Urteil der Reflexion), dann hat „der Mensch" Ohrläppchen. Die „Allheit" des *universellen* URTEILS DER REFLEXION gehe von Individuen aus und sei nur empirische Gemeinsamkeit zufälliger Merkmale und nicht das „Wesen der Sache selbst".

Der Übergang von der „Reflexion" zur „NOTWENDIGKEIT",
also von der Quantität zur Relation, sei ein Übergang von akzi-
dentellen zu substantiellen Prädikaten, von zufälligen zu wesentlichen Merkmalen am Subjekt. Daß „der" Mensch Ohrläppchen
habe, sei akzidenteller, als daß der Mensch sterblich sei. „Alle
Dinge sind ein kategorisches Urteil, denn sie haben ihre sub-
stantielle Natur."

„Gold ist teuer" : ein Urteil subjektiver Reflexion. „Gold ist ein
Metall" : das *kategorische* Urteil der Notwendigkeit nenne den
einen wesentlichen Gattungsbegriff, allerdings noch ohne alle
Besonderheiten. – Auch Silber und Kupfer seien ja Metalle,
„Metallität" sei aber gleichgültig gegen ihre verschiedenen
Arten. Erst im *hypothetischen* Urteil werde berücksichtigt, daß
etwas von etwas anderem abhängig und durch anderes vermittelt
sei : Wenn A, dann B. Im Übergang vom Kategorischen zum Hypothetischen wiederhole sich der Übergang von der Substanz zur
Kausalität. Aber erst im *disjunktiven* Urteil der Notwendigkeit sei
„die Gattung die Totalität ihrer Arten": „Das poetische Kunstwerk ist entweder episch, lyrisch oder dramatisch." A ist weder
B noch C noch D ..., also muss es sowohl B als auch C und D als
Möglichkeiten enthalten. Das disjunktive Urteil der Notwendigkeit entspricht dem universellen Urteil der Reflexion und dem
unendlichen Urteil des Daseins.

Das BEGRIFFSURTEIL der Modalität ist für Hegel ein deontolo-
gisches Urteil über die Angemessenheit von Objekt und Begriff.
Dieses idealistische Werturteil prüft, wie weit das Individuum
seinem eigenen Allgemeinbegriff entspricht oder widerspricht.
„Die Handlung ist gut." Wie muß etwas beschaffen sein, wenn es
seinem eigenen Begriff entsprechen soll? Wenn A gleich B ist,
dann ist A auch A. Nur das Begriffsurteil sei wirkliches Urteil.

Erst das Begriffsurteil der Modalität verdiene nun wirklich den Namen Urteil, weil es die Angemessenheit von Objekt und Begriff beurteile und ihre eventuelle Unangemessenheit auch verurteile.

Diese drei Modalitäten, vor allem die von kritischen Marxisten gern besprochene „reale Möglichkeit", werden bereits ausführlicher unter der „Wirklichkeit" behandelt, der Synthese aus Wesen und Erscheinung. Adorno behauptete selbst apodiktisch, daß alle Aussagen heute solche apodiktischen Urteile über die Identität von Sein und Bewusstsein seien, die sich nicht mehr problematisieren.

Alles trete auf, als erfülle es voll und ganz seinen Begriff, mit dem es auftritt. Satire sei heute ebenso nötig wie unmöglich, denn satirische Ironie sage : *Dies* behauptet es zu sein, doch *das* ist es in Wirklichkeit! Wo aber Subjekt und Objekt ganz identisch seien, finde Satire gar keinen Ansatzpunkt mehr. Aphoristik ist die essayistische Reflexion genau dieser Lage und keine bloße „Konversation", wie Hegel meint. Der Übergang vom Urteil, das Subjekt und Prädikat teile, zum Schluß, der beide wieder zusammenschließe, geschehe im apodiktischen Urteil des Begriffs, der nun argumentativ *begründeteren* Identität von Objekt und Begriff. Das *assertorische* wird als *wirklich* behauptet, das *hypothetische kann* bestritten werden und das *apodiktische* Urteil *muß* beweisbar sein. Diesen Beweis liefert der Schluß, dessen Folgerung das „apodiktische Urteil" ist und dessen „terminus medius" der argumentative Grund des Urteils ist. – Das einzelne Subjekt und das allgemeine Prädikat sind miteinander vermittelt durch diesen besonderen Mittelbegriff, auf dem der Schluß beruht und den seine apodiktische Folgerung dann nicht mehr nennt. Jeder Schluß vermittelt das Einzelne (E) mit dem Allgemeinen (A) durch das ganz Besondere (B). Die „Urteile des Daseins" gehen über in die „Schlüsse des Daseins".

Leicht zu verstehen ist, was die Reflexionsschlüsse der Induktion und der Analogie mit singulären und mit partikularen Urteilen zu tun haben. Induktion ist ein Schluß auf empirisch Allgemeingültiges von Einzelfall zu Einzelfall usw. – bis in das kumulativ „schlecht Unendliche". – Da die Zahl der untersuchten Einzelfälle nie vollständig ist, führe die Induktion nur zur Analogie. Die wissenschaftlich fruchtbare Analogie schließt von der „Ähnlichkeit" in einigen Punkten auf Gleichheit auch in weiteren Teilen.

„Der Mensch Gajus ist ein Gelehrter; Titus ist auch ein Mensch, also wird er wohl auch ein Gelehrter sein."
Aphoristische „Gnome" nutzt das spielerisch.

Hegel apostrophiert Schellings Naturphilosophie als Produkt solch „oberflächlicher" Analogieschlüsse. Beim Reflexionsschluß der „Allheit" zeigt Hegel, daß der Obersatz den Schlußsatz nicht weniger voraussetzt als der Schluß den Obersatz : „Alle Menschen sind sterblich. Gajus ist ein Mensch. Also ist Gajus sterblich." Ich müsse schon wissen, ob dieser Gajus sterblich sei, um zum Wissen um die Sterblichkeit aller Menschen zu gelangen.

Der Kreis der Schlüsse sei voll durchlaufen, wenn Einzelnes, Besonderes und Allgemeines je einmal Subjekt, Prädikat und *terminus medius* waren. Subjekt, Prädikat und Mittelbegriff haben sich laut Hegel nacheinander selbst als Gründe für die Einheit von Subjekt und Prädikat zu erweisen. Wenn der Grund für das modale Urteil schon der *terminus medius* des Schlusses sei, wenn das apodiktische Urteil schon in die logischen Schlüsse übergehe, dann gehe der disjunktive Schluß wieder in den Begriff zurück und sei mehr als die Summe dreier Urteile. Logik sei der Weg vom abstrakten Begriff über das Urteil und den Schluß zur absoluten Idee.

Das Begriffsurteil hat bei den Schlüssen keine Entsprechung mehr. Der disjunktive Schluß sei schon kein Schluß mehr, sondern habe sich erschlossen als die reale Wahrheit des Begriffs, der unmittelbar in die mechanische, chemische und teleologische Objektivität übergehe, um sich dann schlußendlich mit ihr zur *Idee* zu vereinigen. „Indem das Subjekt ein unmittelbares Einzelnes ist, enthält es Bestimmungen, welche nicht in der Mitte als der allgemeinen Natur enthalten sind; es hat somit auch eine dagegen gleichgültige, für sich bestimmte Existenz, die von eigentümlichem Inhalt ist." („Logik" II, Frankfurt/M. 1981, S. 394). Das ist im Gegensatz zur rationalen Realität und „wirklichen Vernunft" der Keim jener nur „faulen Existenz", die bei Marx proletarisch fleißig und bei Adorno essayistisch fruchtbar wird für die Erkenntnis der ganzen Wahrheit. − Gnomische Erkenntnis heftet sich an Regelausnahmen. Der *kategorische* Schluß gehe deshalb in den *hypothetischen* Schluß über : „Wenn A ist, so ist B. Nun ist A, also auch B" (modus ponendo ponens). Darin sei das Subjekt A ebenso „vermittelt wie vermittelnd". Erst im *disjunktiven* Schluß sei der terminus medius, der argumentative Grund des apodiktischen Urteils, *zugleich* Einzelheit, Besonderheit und Allgemeinheit :
„A ist entweder B oder C oder D. A ist aber nicht C noch D;
A ist also B."

Hier wird das Besondere als Einschränkung des Allgemeinen und das jeweils Einzelne als eine Einschränkung des je Besonderen verstanden. Der Begriff gehe über in die „Totalität seiner Arten" und Individuen, während die Totalität der Besonderheiten in den Allgemeinbegriff zurückgehe.

Dieser arg verkürzte Parforce-Ritt durch Hegels „Logik" Band II − der Gedanken Gottes *vor* der Schöpfung − soll die Analogie des Aphorismus zum *spekulativen Satz* verdeutlichen helfen. Der Aphorismus ist als apodiktisches Urteil ein gewisses *Aphodiktum*.

Das „aphodiktische" Urteil zeigt den Widerspruch zwischen dem Gegenstand und seinem Inbegriff : Etwas ist und zugleich auch *nicht,* was es zu sein behauptet : *Daß* ein assertorisches Urteil als apodiktisches auftritt, wird problematisiert. Aphorismen sind eben apodiktisch antithetische Urteile, welche die logischen Schlüsse verschweigen, durch die sie begründet werden. Das „Aphodiktum" ist zu begreifen als eine Schlußfolgerung, deren terminus medius vom Leser erst zu erraten ist. Eine der wichtigsten gnomischen Techniken ist der oberflächliche, der sich als substantieller Analogieschluß (E − A − B) erweist.

„Was einem Objekt in einigen Merkmalen ähnlich ist, das ist ihm auch in anderen ähnlich." „Es sind zwei Einzelne, drittens eine unmittelbar als gemeinschaftlich angenommene Eigenschaft und viertens die andere Eigenschaft, die das eine Einzelne unmittelbar hat, die das andere aber erst durch den Schluß erhält. Dies rührt daher, daß ... die Mitte als (zufällige) Einzelheit, aber unmittelbar auch als deren wahre Allgemeinheit gesetzt ist." („Logik" II, a. a. O., S. 389) Die *quaternio terminorum* verweist darauf, daß die aphoristische Analogie eine proportionale Verhältnisbestimmung ist und damit unter die singulären, partikularen und universellen Reflexionsurteile der Quantität fällt.

Weiterführendes vom Autor

„Martin Heidegger –
Versuch einer Psychoanalyse seines *Seyns"*,   1993

„Objektivität durch Subjektivität oder umgekehrt?
*Phänomenologischer Entwurf
einer dekonstruierten Erkenntnistheorie",*   1999

„Künste und Wissenschaften   als verlorene Paradiese –
Essays zur Bedeutung der Kultur-Idyllen",   2000

„Der Mensch ist, was er verg-isst /
Kosmostheorie oder Gemeinschaftspraxis",   2007

„Philosophische Formelsammlung : *Ambivalente Gedanken-
experimente und nachsokratische Fragmente",* Würzburg   2012

„Die Liebhaber der Sophie –   *Philosophiegeschichte
in Philosophengeschichten",*   2013

„Aphorismen zur Zeitaltersweisheit –
Kopfverdreher, Kopfzerbrecher",   2014

„Ist *Philosophical Correctness* eine Kommunikationswissen-
schaft? – *Versuch über moderne Versuchungen",*   2015

„Zur Dialektik und Phänomenologie
der Natur- und Kultur-Idyllen",   2015

„Esprit und Geisteswissenschaften –
*Wechselwirkungen zwischen Kunst, Philosophie
und Psychologie*", 2016

„Mit einem Satz ins Freie – *Reflexionen,
Urteile und Sentenzen*", 2. Auflage, 2016

„Zwergrätsel, Satiren und Zwickmühlen –
Auswahl von Aphorismen", 2017

„Wenn die Seele auf den Geist geht –
Chronik der unbewussten Weltbilder", 2018

„Aphorismen, Bonmots und Reflexionen –
Neue Auswahl aus mehreren Bänden", 2019

„Originell sein heißt, Vergessenes plagiieren –
Philosophische Essays", 2019

„Angeln beruhigt – weder Fische noch Würmer",
Erzählungen, 2019

„Wer sich selber kennt, wird nichts mehr –
Hohes Alter hat jedes Alter zugleich", Essays, 2019

"Der Ewige und Sein Urprojekt –
Religionsphilosophisch-metapolitische Reflexionen", 2019

"Aphorismus – Philosophischer Gehalt in literarischer Gestalt"
*Sentenzenschleifer : "Dichter und Denker" in Personalunion,
2019*